Michaël Mezzo tourmenté par ses amours

Johanne Landers

Jlprudhomme@msn.com

http://jlprudhomme.wix.com/johanne-landers

http://facebook.com/johanne.landers

Michaël parti pour la cour, il était pour être juste à l'heure. Il passa sur un feu qui vira rouge quand il se trouvait encore au milieu de l'intersection. Une autre voiture s'avança trop vite de l'autre côté et causa une collision.

— Ah! Merde! Merde! Merde! Non. Une femme, euh elle n'a pas regardé ou quoi? Regardez-moi ce gâchis.

Il débarqua de sa voiture pour voir comment elle allait avant d'appeler les services policiers.

— Ça va?
— Vous me demandez si ça va. Ah! Mais oui ça va, vous avez ruiné ma journée et cabossé ma voiture.

Michaël la prit par le coudre.

— Vous saignez? Mais oui, montrez-moi ça.

Elle s'était coupée en haut de la paupière. Michaël tomba directement dans ses yeux.

— Rien de grave, je vous rassure.
— Ce n'est pas vous qui allez avoir le mal de tête qui va aller avec.
— Vous pouvez vous lever?
— Je crois, oui.
— Prenez ma main, je vais vous aider.

Mia se leva et semblait n'avoir que cette petite coupure au-dessus de l'oeil.

— Vous vous sentez toujours bien?
— Oui. Regardez ce que vous avez fait de ma voiture.
— Mais, ma voiture aussi est abimée. Je me demande bien si le feu était déjà passé au vert quand vous commencez à tourner?
— Très drôle et vous, la signalisation, elle était de quelle couleur exactement?
— Bon, écoutez en attendant les policiers, je dois faire quelques appels importants.

Il s'écarta de Mia pour appeler la cour et mentionner que l'affaire devra être reportée. Mia cherchait toujours son téléphone portable qui était sur le tableau de bord au moment de l'impact. Elle finit par le retrouver, il s'était fracassé sur le parebrise.

—Ah là là!, il est brisé. Il a vraiment gâché ma journée lui. Je vais devoir ajouter cela à la liste des dégâts.

Elle alla à la hauteur de Michaël.

— J'aurais besoin de votre téléphone portable, puisque vous avez brisé le mien dans l'accident.

— Pardon?
— Mon téléphone portable s'est fracassé dans l'impact. J'ai aussi un appel urgent à faire.

Michaël la regardait. Il s'aperçut qu'il aimait bien ses petites manières sauvages.

— Vous me le passez?
— Oui, oui. Tenez. Faite vite, j'ai un autre appel à faire.

Mia appela à la cour pour découvrir que la cause avait été décalée de trois heures à la demande de l'autre avocat qui avait un problème ce matin.

— Ah! Bien, je serai là à 13h00. Merci.

— Tenez. Merci, à cause de vous je dois aller faire l'achat d'un autre téléphone portable, louer une voiture et réorganiser ma journée de travail.

— Je vais aussi devoir faire la même chose avec ma journée de travail et louer une voiture. Venez à ma voiture. J'ai quelque chose pour votre blessure.

— Non merci. Je dois avoir des mouchoirs dans ma bourse.

Tandis qu'elle regardait pour un mouchoir, Michaël prépara son téléphone portable pour prendre des photos de l'accident et de l'intersection. À l'insu de Mia, il la photographia.

— ''Qu'est-ce que je fais là moi.''

Il ferma son appareil et mit les mains dans les poches. La vache, elle lui faisait de l'effet celle-là.

— Je dois faire un autre appel.

Il s'écarta d'elle. Il devait remettre ses idées en place. Il appela au cabinet pour voir si quelqu'un pouvait venir le prendre. Emmanuël s'était porté volontaire.

— Tu vas bien?

— Oui et la conductrice de l'autre voiture n'a qu'une coupure mineure.

— Je pars immédiatement.

Mon frère passera me prendre pour me conduire à un endroit pour louer une voiture. Vous voulez qu'on vous embarque?

Mia savait bien qu'elle devait prendre un taxi directement pour une location de voiture, alors elle en profiterait.

Nouvellement arrivée dans la région, elle n'avait aucune idée de l'endroit idéal pour une louer une voiture. Elle allait devoir faire confiance à Michaël.

— Oui, si ce n'est pas vous qui conduirez.

Michaël sourit. Elle le divertissait beaucoup.

— Très drôle. C'est la première fois que je suis impliqué dans un accident. J'étais un peu pressé et voilà.

— Vous me le dites! Moi aussi j'étais très pressée.

Il essayait de l'imaginer plus calme, avec un sourire sur les lèvres. Emmanuël arriva avec Ogan.

— ''Décidément, la beauté règne dans cette famille.''

— Ah! Ah! Ah! Mais tu n'as pas manqué ton massacre Michaël. T'as vraiment cabossé la voiture de la demoiselle.

Mia sourit à Ogan.

— Qu'est-ce que tu fais là toi?

— Tu es très chanceux. Nous avons dû presque barricader papa pour qu'il ne vienne pas avec nous.

Michaël leva les yeux et les mains au ciel en signe de découragement.

— J'ai bien dit que j'allais bien non, et que la conductrice de l'autre voiture aussi.

— Tu crois avoir besoin d'un avocat Michaël, je me propose.

— Finalement, j'aurais dû prendre un taxi.

Le policier qui venait d'arriver était à questionner Mia. Michaël chuchota à ses frères.

— Fermez là, je veux écouter ce qu'elle dit au policier.

— Emmanuël, moi si j'étais avocat, ce n'est pas à Michaël que j'aurais offert mes services, mais bien à elle.

Michaël devint impatient.

— Ogan, tu es marié mon vieux et père de famille, je crois.
— Oui, oui. Mais c'est pour Emmanuël que je disais ça, pas pour moi.

Ogan et Emmanuël partirent à rire. La situation était cocasse puisque Emmanël était récemment marié à son conjoint de longue date, Jordon.

Le policier s'approcha de Michaël, celui-ci fit de gros yeux à ses frères.

— Bonjour monsieur. Je peux prendre votre déposition.
— Oui certainement.
— Vient Emmanuël, nous allons aller voir si la demoiselle va bien et faire connaissance. J'ai l'impression que Michaël ne la déteste pas.

Ils se dirigèrent vers Mia et Michaël bouillait sur place.

— Bonjour, vous allez bien mademoiselle?
— Oui, très bien. Merci.

Elle s'avança pour leur serrer la main.

— Je suis Mia.
— Moi c'est Ogan et Emmanuël. Nous sommes les frères de Michaël.
— ''Michaël!''
— Désolé que notre frère ait fait l'imbécile ce matin.
— Oui, l'imbécile.

Ogan et Emmanuël s'amusaient bien de la situation. Ils voyaient bien que Michaël n'était pas d'accord qu'ils soient en train de parler à Mia. Michaël les regardait avec un regard désapprobateur.

— ''En plus, ils la font sourire''. Bon, le policier appelle les remorqueuses. Vous avez quelque chose à prendre dans votre voiture?
— Oui.

Elle ouvrit le coffre de sa voiture, y sortit un chariot dépliant et y mit deux boîtes et son attaché-case. Elle ne voulait surtout pas leur dire qu'elle était avocate. Elle était pour défendre sa cause elle-même s'il le fallait et monsieur Michaël aurait une petite surprise s'il voulait contester.

— Ah! J'ai oublié de te dire Emmanuël que nous voulons nous rendre tous les deux au service de location de voitures. J'ai offert de l'amener.

Emmanuël et Ogan levèrent les sourcils et se regardèrent. Ils refoulaient leur fou rire.

— Délosé, je ne me suis pas présenté à vous. Je suis Michaël.
— Et moi Mia.
— Venez. Je vais mettre cela dans la voiture.

Ogan chuchota à Michaël.

— Reprends-toi, tu es complètement tombé sous le charme de Mia. Ah! Ah! Je suis content d'être venu avec Emmanuël.

Michaël ne riait pas du tout.

— Tu es ridicule, pire qu'un collégien. Vraiment immature.

Ogan s'assura de prendre place à l'avant pour que Michaël et Mia n'aient pas le choix de s'assoient ensemble. Emmanuël souriait quand il vit Ogan se presser à l'avant. Il savait très bien ce que son petit frère manigançait.

Michaël prit son attaché-case et le mit à côté e celui de Mia dans le coffre. C'est drôle, ils avaient le même.

— ''Alors elle est une femme d'affaires. Peut-être une vendeuse avec ses boîtes''.

Comme il voulut regarder ce qui était écrit sur l'une d'elle, Emmanuël ferma le coffre arrière.

— Merci! Tu voyais bien que je regardais ce qui était écrit sur la boîte.
— Impolitesse. On y va.

Ils prirent place dans la voiture. Michaël regarda Ogan en signe de négation avant de prendre place avec Mia à l'arrière de la voiture.

— Emmanuël, tu peux faire un stop, Mia a besoin d'un nouveau téléphone portable.
— Sans problème.
— Non, ne faites pas ça. J'irai après avoir récupéré une voiture.
— Je vous l'offre.

Mia arqua les sourcils.

— Donc, vous avouez que c'est votre faute.

— Non, pas du tout.

— Ça semble exactement ce que tu viens de faire Michaël. Tu dois le savoir mieux que moi.

— Ah parce que maintenant, tu prends la défense de Mia?

Mia riait. S'ils savaient, Mia était avocate et qu'elle pouvait se défendre et les écraser tous. Michaël la regarda. Le sourire qu'il voulait tant voir apparut sur son visage. Elle était très jolie. Il se surprit à regarder les courbes de son corps pour finalement revenir à ses yeux. Étant un enfant qui avait été adopté de la Chine, elle n'acceptait pas que les gens la juge, la regarde des pieds à la tête. Elle n'aimait pas ça, mais bizarrement ce n'était pas un problème avec Michaël. Dans les trois très beaux hommes avec lesquels elle était, c'était Michaël qui lui faisait le plus d'effet. Dieu merci se disait-elle, elle avait un veston et il ne pouvait voir l'effet qu'il projetait sur son corps. Michaël remonta les yeux jusqu'au sien. Il se sentit soudain mal à l'aise, car elle le regardait la regarder.

— Qu'est-ce que vous regardez? Je semble vous faire de l'effet on dirait.

Emmanuël et Ogan partirent d'un fou rire, ils n'en pouvaient plus. Michaël se ridiculisait de plus en plus. Michaël leva les yeux en signe d'exaspération.

— Vous êtes des conards, de vrais gamins.

Mia se pinçait les lèvres.

— Ce n'est certainement pas vous qui me faites cet effet. Je pensais à la belle femme que j'ai dû laisser seule dans mon lit ce matin.
— Quelle connerie!
— Ogan, ta gueule tu veux.

Mia débarqua pour aller faire l'achat de son nouveau téléphone portable, Michaël sorti de la voiture et mit les deux mains dans ses poches. Il se pencha sur la fenêtre du côté d'Ogan.

— Vous deux, les conards, vous n'entrez pas, c'est clair.
— Oui, comprit chef.
— Très drôle, j'aurais dû prendre un taxi et seul.

Ils se rendirent ensuite pour les voitures. Mia s'empressa d'entrer pour louer sa voiture. Elle passa ensuite près de la fenêtre d'Emmanuël et lui fit un clin d'oeil. Elle arrêta la voiture près de celle d'Emmanuël pour prit ses choses et disparus. Quand Michaël s'avança à la voiture d'Emmanuël pour prendre lui aussi son attaché-case, ses frères étaient crampés.

— Allez-vous-en loin.

— On avait hâte de voir quelle voiture tu avais choisie. Ah! Ah! Ah!

— Foutez-moi le camp. Y'avait plus rien de bon.

— C'est Mia qui a pris la dernière qui avait du mordant.

Michaël retourna au bureau de ses parents pour se calmer de cet avant-midi mouvementé et incroyablement humiliant. Ses frères passaient devant sa porte pour l'inviter à dîner avec eux.

— Non, vous voulez rire de moi. J'en ai assez eu de vous deux ce matin.

— Hé! Tu sais le nom de famille de Mia?

— Non, je ne veux pas le savoir, mais je vais quand même le voir sur le rapport de police. Sortez de mon bureau voulez-vous.

Zoé et Ted partaient le lendemain en voyage. Michaël aurait vraiment eu besoin d'elle.

Quand ses frères et son père revenaient de leur dîner, ils passèrent tous devant son bureau en souriant.

— Bonjour papa.

— Bonjour Michaël. Tes frères se sont vraiment moqués de toi ce matin.

— Tu me le dis, deux vrais collégiens. J'aurais vraiment espéré que ce soit toi qui viens où avoir pris un taxi. Papa, j'ai eu l'air si ridicule devant cette femme.

— Ah oui! Mia.

— Oui, la femme en question.

— Est-ce vrai qu'elle t'a fait tant d'effet que ça?

— Papa, je suis un homme...je ne la reverrai probablement jamais de toute façon et Dieu merci. J'ai eu si honte. Ils nous ont fait passer pour une vraie famille de fou.

— Hum!

— Quoi Hum? L'affaire est close. Désolé papa je dois partir pour la même cause que je devais plaider ce matin. Ils l'ont reporté à cet après-midi.

— C'est bien mon garçon. On se revoit ce soir chez Ogan.

— Hein! Pourquoi ce soir?

— C'est ce soir qu'Amélia et Ogan nous ont invités toute la famille pour la fête d'Annabella. Elle a dix-sept ans aujourd'hui.

— Ah merde! Je devais passer à la bijouterie cet après-midi pour récupérer son cadeau. Bon, je vais passer pendant la soirée. ''J'achète tellement dans cette bijouterie, il a certainement quelqu'un qui pourrait m'apporter mon achat pour cette fois''

Michaël prit son téléphone et fit signe à son père de la main. La bijouterie devait essayer d'avoir quelqu'un pour lui faire sa livraison, sinon la gérante lui assurait qu'elle était pour l'attendre. Michaël alla rencontrer son client pour s'excuser pour ce matin et lui expliquer qu'il avait eu un accident. Il vit Zack qui sortait d'une des salles d'audience.

— Salut Zack, ça va?

— Non pas du tout. Tu sais on dit quelques fois que nous sommes contents de ne pas avoir à plaider contre Zoé?

— Oui, elle est redoutable.

— Hé bien! Michaël, y'a une nouvelle avocate dans notre terrain de jeux et je vais demander à papa de l'engager pour m'assurer de ne plus jamais avoir à débattre contre elle. Une vraie tigresse.

— Ah! Ah! Ah! Mais c'est impossible Zack, ta jumelle est imbattable.

— Je te le dis, si tu vois son nom, cours vite et ne t'arrête pas. En plus, on voyait bien qu'elle était d'une humeur massacrante.

— Bon, je dois y aller. On se voit ce soir.

— Son nom c'est Maître LeBrun.

Les gens commençaient à s'installer tranquillement dans la salle d'audience. Michaël entendit l'avocate de la partie adverse parler et il se retourna avec de gros yeux surpris. Son client lui parlait, mais il ne l'écoutait plus.

— Impossible, vous!

— Ah non! Je vous ai assez vu.

Mia n'en revenait pas. Elle s'était sentie mal à l'aise dans l'autre cour parce qu'elle avait eu à débattre avec un des frères de Zoé, celle qui lui avait servi de mentor et maintenant lui.

— Vous êtes avocate?

Elle lui répondit avec un parler sarcastique.

— Si je suis là, vous croyez?
— ''Ça y est!''

Michaël avait encore cette maudite sensation d'érection qui se manifestait. Ça promettait d'être très inconfortable.

— ''Comment puis-je être fâché de la voir là et bander en même temps? C'est à ne rien comprendre''.

Mia s'en aperçut et elle était certaine que n'importe qui dans la cour pouvait s'en rendre compte.

— Vous avez un problème Maître Mezzo?
— Non, non pas du tout.

Mia en resta bouche bée. Son client avait bien dit Maître Mezzo. Elle regarda Michaël et la seule chose qui sortait de sa bouche était ce qu'elle venait d'entendre.

— Maître Mezzo?

— Oui.

— Vous êtes Maître Mezzo?

— Hum, oui.

— Mais combien êtes-vous dans cette famille?

Michaël riait.

— Cinq enfants, quatre d'entre nous sommes des avocats ainsi que mes parents. Ogan mon jeune frère lui, il a décidé d'être Comptable agréé.

— Oyé! Oyé! Veuillez prendre place, la cour va commencer.

Ils prirent place. Pendant la cour, le juge envoyait des messages indirectement à Michaël comme en levant un sourcil quand il regardait Michaël.

Finalement, après la cour, le juge fit appeler Michaël dans son bureau.

— Maître Mezzo, je suis très déçu de vous. Vous avez rendu ma cour ridicule.

— Pardon M. le juge, mais je ne comprends pas.

— Non mais, Maître Mezzo, regardez-vous, vous êtes ferré comme un cheval.

— Ah merde! Ne me dites pas que je suis venu me faire engueuler pour la première fois et c'est pour mon érection? Que voulez-vous que j'y fasse? Ah! Je suis désolé, c'est cette…cette petite pimbêche d'avocate. Quel âge a-t-elle?

— Elle est avocate, c'est tout. Peu importe son âge. J'espère que vous n'avez pas d'autre cause à plaider dans cette condition?

— Non, je rentre à la maison.

— Alors, allez-y. Sortez du palais de justice.

Michaël leva les yeux au ciel.

— Au revoir M. le juge.

Michaël fulminait contre lui-même. Bien oui il était en train de retrouver tous ses sens. Il était si humilié, lui qui était sur le point de devenir juge, qui ne s'était jamais fait réprimander par un juge et ce vieux juge en plus. Encore pire, il aurait pu mettre sa main au feu que son père était pour en entendre parler avant même qu'il soit entré au bureau.

Comme il était sur le point de sortir du palais de justice, il entendit qu'on l'appelait.

— Maître Mezzo, Maître Mezzo.

Michaël reconnut cette petite voix qui l'avait agacé toute la journée. Il se retourna, lui prit le coudre pour l'amener à l'écart des curieux.

— Premièrement, ne me hélez pas à voix haute dans les couloirs où que ce soit d'ailleurs. Deuxièmement, je n'ai pas le temps en ce moment et troisièmement, je vous ai vraiment assez vu pour aujourd'hui.

Mia se pinçait les lèvres pour ne pas rire. Michaël était vraiment de mauvaise humeur. Mais elle se rendit compte qu'elle lui faisait encore de l'effet.

— Si ce n'est pas vraiment urgent, je dois partir. Communiquez avec mon bureau.
— Bien!

Elle tourna les talons et partit. Elle souriait. Il la regarda partir et était déçu. Il aurait plutôt voulu la mettre dans un lit.

— Ah mon Dieu! Qu'est-ce que'elle me fait cette… cette…grrrrr. Elle est venue à moi exprès, j'en suis sûre.

Quelqu'un d'autre l'appelait. Il se retourna et adoucit son regard quand il vit la gérante de la bijouterie. Il allait oublier.

Arrivé au bureau, il se dirigea presque en courant dans son bureau. Son père lui sourit en passant et Michaël leva la main en signe de négation.

— Ferme là papa sinon j'explose.

Zack frappa à sa porte.

— Quoi?
— As-tu vu la petite LeBrun?
— Hum! Petite pimbêche ouin.

Michaël se leva pour prendre un document sur un cabinet. Zack regarda son frère et leva les sourcils.

— Wow! Ne me dis pas que c'est elle qui t'a fait cet effet?
— ''J'aurais dû aller chez moi comme j'avais mentionné au juge''. Sort de mon bureau et vite.

Michaël prit son attaché-case et parti. Arrivée chez lui il avait besoin d'une douche froide et vite. Il aurait voulu rester chez lui après une journée aussi troublante, mais il devait aller à la fête d'Annabella, son Annabella.

Mia prit un bain avant de partir pour retrouver Zoé. Celle-ci l'avait invité à la rejoindre chez son frère, car elle disait que cela l'aiderait à se faire des connaissances et qu'elle appartenait à une famille d'avocat. Mia avait bien deviné que Zoé était probablement de la même famille que tous les Mezzo sur lesquels elle était tombée aujourd'hui.

— ''Ce sera tellement drôle si Michaël est là''.

Mia décida de s'en assurer. Elle appela Zoé.

— Salut Zoé, j'ai une question pour toi. Tu as des frères?

— Oui, j'en ai quatre.

— Dis-moi qu'il n'y a pas d'avocat là dedans.

— Trois avocats, désolés. Il y a Michaël, Emmanuël et Zack, mon jumeau.

— Et Ogan le petit farceur.

— Hé! Tu connais Ogan. C'est chez lui que nous allons ce soir.

— Ah! Ah! Ah! Au moins ce n'est pas chez Michaël.

— Non, mais nous fêtons deux choses ce soir. La fête d'Annabella qui a dix-sept ans aujourd'hui, c'est la fille d'Ogan et Amélia et nous fêtons aussi Michaël pour sa nomination de juge. Michaël ne le sait pas.

— Michaël juge!

— Oui, mais ma foie, les as-tu tous rencontrés à la cour aujourd'hui?

— Presque. Ce matin j'ai eu un accident. Michaël a percuté ma voiture.

— Non, c'était toi?

— Arrête, tes frères Ogan et Emmanuël ont failli faire faire une crise à Michaël.

Elles se mirent à rire.

— Mia, il faut que tu viennes absolument ce soir. J'ai dit à Ogan que j'amenais une amie, mais je ne lui ai pas mentionné qui. Je veux voir la surprise de Michaël quand il te verra.

— Surtout Michaël.

— Oui, il faut que tu viennes quand même c'est compris.

— Hum, on peut dire que Michaël m'a viré de sa vue cet après-midi et qu'il a fait un vrai enfer de ma journée.

— Hé voilà! Tu dois lui remettre ça.

— Oui, mais le problème c'est qu'il va devenir juge et si je ne suis pas dans ses bonnes grâces, c'est moi qui vais payer.

— Michaël ne ferait jamais une chose pareille. Il est très honnête.

— Oui, désolé ce n'est pas vraiment ce que je voulais dire.

— Allez tu viens. Ted et moi te prendrons dans une heure.

— Texte-moi l'adresse, je préfère prendre ma voiture.

— Bien, à plus tard.

Quand Mia arriva chez Ogan, toute la famille de Zoé était arrivée.

— Je vous présente Mia.

Michaël ne fit qu'un bond dans ses souliers.

— J'étais la mentore de Mia et elle est venue s'installer à Vancouver. Je voulais qu'elle vienne ce soir pour faire la connaissance de ma famille.

Zoé et Mia avaient un sourire à se faire mal. Ogan et Emmanuël riaient comme des petits fous et Zack était bouche bée. Tant qu'à Michaël, il ferma les yeux. Mia n'avait jamais vu un si beau spectacle. Michaël ouvrit les yeux, se dirigea sans dire un mot vers Mia. Il mit sa main au bas de son dos pour la diriger dans le bureau qu'Ogan avait chez lui. Il ferma la porte derrière lui. Il fit signe à Mia de prendre place dans un fauteuil et se dirigea vers le bar.

— Moi, j'ai grandement besoin d'un verre. Veux-tu quelque chose?
— Oui, j'ai aussi besoin d'un verre.

Il n'y avait rien dans le mini bar du bureau. Il prit son téléphone portable et appela Ogan pour qu'il lui apporter des consommations.

— La prochaine fois, tu veux bien te déplacer.
— Oui, très bien, mais pas maintenant s'il vous plaît.

Il retourna auprès de Mia, la regarda prendre son verre. Elle était vraiment belle et il avait toujours envie d'elle.

— Bon écoute Mia, je sais que c'est Zoé qui t'a invité, mais sachant ce qui s'est passé aujourd'hui, je crois que cela était déplacé de venir ce soir.

— Zoé m'avait invité la semaine passée et je n'ai pas osé lui dire non. Mais je lui ai expliqué la situation et elle voulait absolument que je vienne de toute façon. Je ne voulais pas la décevoir.

— Zoé était ta mentore alors. Je te croyais fâché aujourd'hui quand tu plaidais. Mais là je comprends tout. Tu te retrouvais dans les jambes de ses frères. Tu as appris de la plus féroce des avocates.

— Oui, c'est bien ce qu'on m'a beaucoup répété. Que j'avais eu la meilleure.

Il la regarda en silence. Il sentit soudain que cette merveilleuse femme lui faisait toujours de l'effet. Ce soir elle n'avait pas de veston et il pouvait voir que lui aussi lui faisait de l'effet. C'était à son tour de se payer sa tête.

— Hum! Je vois Maître LeBrun que vous n'êtes pas la seule à me faire de l'effet, moi aussi je vous fais de l'effet.

— Maître Mezzo, je crois que vous vous méprenez. Celui qui me fait de l'effet est le bel homme que j'ai dû laisser dans mon lit pour venir ici.

Michaël la regarda et sourit.

— Je suis vraiment désolé pour ce matin.
— Hum!

Elle sentait son corps la brûler tellement elle le voulait. Surtout depuis qu'il avait vu que oui, il lui faisait de l'effet lui aussi. Elle se mordit la lèvre inférieure.

Et voilà! Pour Michaël se signe auquel il ne pouvait résister, était l'appel, l'accord, le désir. Son cerveau ne fonctionnait plus. Il l'embrassa doucement, mais en quelques minutes, leur baiser devint très sauvage. Ils avaient un appel urgent de leur corps tous les deux.

— Papa, tu leur as loué une chambre ou quoi?
— Non Annabella, mais ces deux-là devaient se parler. Je devrais peut-être envoyer enquêter Zoé…elle est bonne sur les enquêtes.
— Très drôle Ogan.

Annabella décida d'aller frapper à la porte.

— Vous venez, nous allons commencer.
— Oui ma chérie, nous arrivons.

Il se tourna vers Mia.

— Si tu veux bien, nous partirons de bonne heure.
— Oui. Je veux bien.

Annabella ne semblait pas dans sa meilleure humeur.

Elle n'aimait pas Mia, c'était certain. Elle passait son temps à déranger Michaël pour rien et s'assurait de ne pas regarder Mia.

— Vient Annabella, je crois que tu es la seule personne qui ne m'a pas fait souffrir aujourd'hui.
— Tant mieux parce que ce ne serait pas mon intention.

Après le repas, ils sortirent le gâteau pour Annabella et elle ouvrit ses multiples cadeaux. Ensuite, Johannie alla chercher un autre gâteau qu'elle avait fait faire exprès pour Michaël. Il était inscrit ''Félicitation Juge Mezzo''. Tous l'applaudirent et le félicitèrent chaleureusement.

— Merci beaucoup.
— C'est plus qu'un honneur pour moi mon fils que tu suives les traces de mon père.

Mia s'avança pour le féliciter. Annabella détourna la tête.

— Juge Mezzo, je souhaite que vous soyez concilient pour les causes que je devrai présenter devant vous.

Ogan et Emmanuël avaient repris leur fou rire. Ogan chuchota à son père.

— Au moins il aura une robe de juge pour cacher l'intérêt qu'il porte aux femmes.

Mia s'avança vers Zack.

— Pas trop fâché?

— Non. Imagine-toi qu'en sortant de cette cour, j'ai rencontré Michaël et lui ai dit que s'il te rencontrait dans la cour et qu'il devait plaider contre toi, qu'il devait courir sans se retourner. J'aurais voulu voir la surprise qu'il a eue quand il t'a vu. En plus des évènements de ce matin.

— Oui et moi qui venais d'affronter le frère de mon amie, je devais en affronter un autre et Michaël en plus. Je suis littéralement tombé sur ma chaise.

— Moi, j'étais déjà par terre juste à entendre sa voix, je me suis retourné immédiatement.

— Pourtant je t'avais bien dit que je pouvais me défendre ce matin.

— Je ne croyais pas que tu étais avocate puisque je connais tous les avocats de Vancouver.

— Tu pourras en ajouter une à ta liste.

Michaël la regarda droit dans les yeux.

— Je spécifie…la liste d'avocats.

— Oui, mais oui certainement. J'avais bien compris.

Annabella n'en pouvait plus. Elle détestait cette Mia, elle la trouvait arrogante.

Johannie s'avança vers eux et remit à Michaël un cadre avec la photo de son père à elle, la photo du grand-père de Michaël, la photo qu'il admirait si souvent. Elle lui remit aussi une enveloppe.

— Merci maman, cette photo me touche beaucoup.

Il ouvrit l'enveloppe et y découvrit une clé de voiture et un généreux chèque.

— Hé! Il a droit à un cadeau parce qu'il devient juge. Pfff!
— Oui, il y a droit. Tu deviens juge à travailler très dur.
— Je suis comptable et je travaille très très dur moi aussi. En plus je n'ai aucune chance de devenir juge moi.
— Nous non plus on ne veut pas être juge, alors on n'aura pas de cadeau. Tu es pire qu'un bébé Ogan.
— Je suis le bébé moi, traitement spécial quoi. Comment ce fait-il que je suis comptable de la compagnie et de tous vos comptes et que je ne savais pas ça. Je n'aurais pas approuvé une telle dépense.

Ils riaient tous.

— Je ne changerais cette journée pour rien au monde. Nous nous sommes tellement amusés Emmanuël et moi.

Emmanuël lui sourit. Ogan se questionnait encore, puisqu'en étant comptable, il ne comprenait pas d'où venait l'argent.

— De combien est le chèque?

Michaël lui donna.

— Tien, régale-toi, c'est la seule chose que tu pourras faire avec.
— Très désolé pour toi que tu ailles devoir retourner ta voiture de location…elle est si belle.

Il regarda Mia et lui sourit.

— Tu m'as eu sur ça aussi. C'est bien pour ça que tu t'es précipité pour passer avant moi. Tu avais vu les voitures dans la cour.
— Je ne fais que des gestes bien calculés.

Zack chuchota à l'oreille de Michaël.

— Tu ne crois pas que si tu ne penses qu'à l'apporter dans ton lit, que tu devrais cesser de l'agacer.

— Fiche la paix.

— Michaël, je t'ai apporté un petit cadeau pour ta nomination.

Mia lui avait apporté un porteclé en forme de marteau que les juges utilisaient.

— Merci. Je l'adore. C'est très gentil à toi.

Michaël attendait que Mia parle de partir avec impatience.

— Hé Mia.

— Oui Michaël.

— Tu ne m'as toujours pas donné ma réponse. Et…tu n'es quand même pas pour refuser que je te fasse un tour de mon nouveau bolide.

— J'aimerais beaucoup essayer ton bolide Michaël, mais je dois décliner. Je dois être à la cour à la première heure demain.

— Ah! Je croyais que…

— Michaël, quand j'y pense, faire l'amour avec toi et me retrouver devant toi le lendemain…je ne me sens pas bien de faire cela.

— Alors, si je comprends bien, si on va au lit ensemble, je dois plus être avocat.

— Non, ton destin est que tu seras juge. C'est très bien pour toi. Même en étant avocat, ce ne serait pas bien de coucher avec la partie adverse. Je crois qu'il est préférable de laisser tomber.

— Ma grand-mère était avocate et mon grand-père juge quand ils se sont rencontrés.

— Non Michaël, je ne fais que commence ici et je ne voudrais pas débuter ma carrière avec une mauvaise réputation. Désolé Michaël.

— ''Comme si j'étais pour me venter avec qui je passe dans mon lit. Mauvaise réputation hein''.

Elle se dirigea vers sa voiture, elle aurait voulu se retourner et Michaël aurait voulu courir à elle.

— Passe une bonne nuit. ''Moi je ne vais pas en passer une.''

— Contente de t'avoir rencontré dans de meilleures circonstances Michaël.

— Ce n'est pas ce que tu disais à mes frères plutôt.

Elle lui sourit et disparut

Michaël ne put dormir que quelques heures. Il se demandait pourquoi Mia voulait être avec lui quand ils étaient dans le bureau d'Ogan et qu'après la soirée, elle ne voulait plus.

Amélia discutait avec Zoé avant son départ en voyage.

— Tu as vu comment ils étaient attirés l'un par l'autre.

— Je sais, c'était très évident. Ça sautait aux yeux, mais Mia se refuse à mélanger travail et vie privée.

— C'est malheureux.

— Si je ne partais pas demain, j'aurais fait en sorte qu'ils puissent se revoir.

— Ah! Je pourrais peut-être l'inviter pour…disons faire les magasins ensemble. J'utiliserais le prétexte qu'elle vient d'arriver.

— C'est une bonne idée. Elle ne connait personne.

— Bon, je vais essayer.

— Mais cela ne la mettra pas en contact avec Michaël.

— Non, pas immédiatement, mais si je deviens son amie, j'essayerai de trouver des occasions pour qu'ils puissent se rencontrer.

— Super.

Amélia discuta avec Ogan de son projet.

— Ma belle Amélia. T'ai-je déjà dit de ne pas comploter avec ma soeur.

Amélia sourit.

— Oui, mais Ogan, ces deux-là s'attirent. C'est évident.

— Mais oui, je suis bien d'accord avec toi. Le matin de l'accident, c'était tellement drôle. Michaël n'arrivait pas à pouvoir contrôler ses instincts mâles. Mais pour elle, je ne sais pas.

— Hum, Ogan Mezzo. Ne vient pas me dire que pendant la fête, tu ne pouvais pas voir comme tout le monde l'effet que Michaël lui avait fait dans ton bureau.

— O.k. O.k., j'ai peut-être vu un peu.

Amélia donna une tape sur le bras d'Ogan.

— Toi! Alors tu es d'accord.

— Toujours d'accord avec toi.

Pendant trois semaines, Michaël et Mia ne s'étaient pas rencontrés. Mia finalisait l'ouverture de son cabinet et Michaël s'installait dans son bureau du palais de justice.

Michaël devait passer au cabinet de ses parents avant de se rendre au palais de justice aujourd'hui. Zack y était de passage. Michaël arqua les sourcils, il pouvait entendre qu'une personne dans la salle de bain semblait malade. Il se rendit immédiatement dans le bureau de sa mère pour y trouver Zack, Emmanuël et son père.

— Bonjour tout le monde.

— Bonjour M. le juge.

Michaël sourit à Zack. Il avait travaillé si fort pour

s'entendre dire cela.

— Maman, en entrant j'entendais des bruits dans la salle de bain. Je crois que quelqu'un est malade là dedans.

Instinctivement, sa mère se dirigea vers la salle de bain. Les hommes étaient tous à la porte de son bureau à la regarder. Comme Johannie arriva à la salle de bain, Maggie en sortit. Elle s'aperçut que les hommes la regardaient tous.

— Ça va ma chérie?
— Ah merde! C'est de la faute de votre fils.
— Qu'est-ce qu'il t'a fait?

Maggie ouvrit de grands yeux et Johannie sourit.

— Frédérick, je ne crois pas qu'elle va détailler avec toi.

Frédérick était confus. Il ne comprit pas immédiatement. Soudain il leva les yeux au ciel et sourit à Maggie. Michaël se dirigeait déjà vers Zack pour le féliciter.

— Salut papa.

— Hein! Tu vas bien ce matin toi? Quatre, c'est déjà assez. Tu es fou.

— Zack, réveille-toi vieux.

— Michaël, tu crois vraiment que...

— C'est un peu délicat. Je te verrai plus tard.

Michaël était parti sans aucune explication. Zack s'avança vers Maggie. Elle était blême. Elle était à faire une accolade à ses parents. Il regarda ses frères qui souriaient eux aussi.

— Maggie chérie, tu vas bien?

— Zack, nous allons avoir un autre enfant. Je vais faire un test pour confirmer, mais je sais.

Il prit sa femme dans ses bras et l'embrassa.

— Je t'aime chérie.

— Je crois que ce pourrait être mon changement de pilule. C'est pas notre chance hein?

— Nous allons les prendre comme les autres.

— Les prendre! Peux-tu parler au singulier s'il vous plaît?

— Oui, c'est aussi ce que j'espère.

Michaël revenait vers eux.

— Je peux te féliciter là…papa.

— Oui Michaël.

Michaël pensait que lui, n'aurait pas d'enfant avec la femme qu'il aimait…jamais.

Michaël devait juger une des causes de Mia pour la première fois aujourd'hui. En entrant dans la cour, il vit le mécontentement de Mia.

— Nous allons commencer.

Cette cause ne fut pas longue à régler. Michaël fit appeler Mia dans son bureau par la suite.

— Maître LeBrun.
— Oui.
— Juge Mezzo vous a convoqué dans son bureau.
— Merde!
— Pardon.
— Désolé, oui. Donnez-moi une minute s'il vous plaît. Je dois me rendre à la salle de bain.
— Très bien. Je vais vous attendre ici.

Mia disparut.

— ''Qu'est-ce qu'il me fait? Il n'a pas le droit. Il sait
très bien que je n'ai pas le droit de dire non. Mais par
contre, lui non plus n'a pas le droit. Ah! Michaël
pourquoi?''

— Dites au Juge Mezzo que je n'ai pas le temps.

— Mais, Maître LeBrun, vous n'avez pas le droit de
refuser.

— Dites-lui.

— Très bien.

— Désolé M. le Juge, Maître LeBrun dit ne pas avoir
le temps.

Michaël leva la tête en souriant au gardien.

— Bien. Je vous remercie.

Il regarda par la fenêtre. Il la vit qui partait. Devait-il
la rattraper, il ne le savait pas vraiment. Ce qu'il savait
c'est qu'il voulait cette femme. Il regarda son agenda
pour l'après-midi et décida qu'il passerait à son bureau
plus tard. Il appela son bureau.

— Bureau de Maître LeBrun.

— Bonjour. J'aimerais avoir un rendez-vous avec
Maître LeBrun cet après-midi tard. Est-ce possible?

— Puis-je avoir la raison?

— Non, mais c'est urgent.

— Bien. J'aurais une place à 17h00 seulement.

— C'est très bien.

— Puis-je avoir votre nom?

— Michaël.
— Un numéro…
— Non, juste Michaël. Elle saura.

Mia entra dans son bureau. Elle avait un client qui l'attendait. Elle fit signe à sa secrétaire de la suivre dans son bureau.

— Laissez-moi quinze minutes avant de faire entrer mon client. J'ai un appel très urgent à faire.
— Très bien. Vous vous sentez bien?
— Oui. Merci.

Mia ne savait plus où mettre la tête. Cet homme la bouleversait tellement.

— ''Ah! Je devrais peut-être faire l'amour avec lui et ce sera fini''.

Elle aurait eu besoin de parler avec une amie, mais le problème est qu'elle n'en avait pas. Mia était une fille qui vivait en solitaire. Elle ne savait vraiment plus quoi faire. Elle avait peur d'une liaison avec un juge. Si cela ne fonctionnait pas, qu'arriverait-il par la suite?

Elle fit entrer son dernier client. La journée avait été très longue. Quand le client partit, elle en était très soulagée. Sa secrétaire entra avec un majestueux bouquet dans les bras. Onze roses.

— Pourquoi onze?

— Aucune idée. C'est quand même bizarre. Le fleuriste doit avoir fait une erreur.

— Oui, c'est surement ça.

Mia prit la note.

Félicitation Maître LeBrun, mais tu as déjà défié un juge par contre. J'aimerais bien te voir dans un contexte personnel. Je ne sais plus où j'en suis avec toi. Je sais très bien que tous les deux avons une attirance physique. J'aimerais savoir s'il y a plus que ça. Peut-on se donner une chance?

Le juge laissé en plan.

Il ne manquait plus que ça!

Ses lèvres lui brûlaient juste à penser à leur baisé. Elle ferma les yeux et son ventre se contracta, elle pouvait encore sentir ses mains sur ses hanches. Elle mit le bouquet de roses sur une table et cacha la carte dans sa poche de veston. Elle devait faire savoir à Michaël que le risque était trop grand pour elle, qu'il n'était pas son genre finalement. Elle se préparait à partir quand elle vit

Michaël, assit dans la salle d'attente avec une rose à la main. Sa secrétaire était partie.

— C'est l'accueil que tu me réserves, le mutisme.
— Désolé, bonjour Michaël.
— Mia, je suis ici à titre personnel.

Il s'approcha d'elle. Son corps réagit en une fraction de seconde. Comment son corps pouvait la trahir si vite? Elle voulait ressentir ses lèvres sur les siennes encore. Il lui donna la rose.

— Pour toi.
— Et voilà celle qui manquait au bouquet.

Michaël sourit. Elle avait bien compté les roses.

— Oui, pour que je puisse te la remettre moi-même.
— Michaël, je ne suis pas sûre que nous devrions…

Il mit ses lèvres sur les siennes, il ne voulait plus entendre cette phrase. Il la voulait, elle. Il voulait lui faire l'amour, n'importe où, mais il en était impatient. Elle voulut le repousser. Pourquoi son corps ne lui en donnait pas la force? Elle décida de se laisser aller dans ses bras, elle n'en pouvait plus de le combattre. Il l'embrassa encore et encore, de plus en plus farouchement. Elle répondait à ses baisés, à ses caresses et à son appel à l'amour. Il la rapprocha de lui en la regardant dans les yeux, il voulait lire dans ses pensées.

— Tu vois ce que tu me fais?

Il reprit sa bouche et la souleva sa jupe doucement pour ensuite la soulever par les fesses. Il l'adossa au mur, il défit les boutons de sa chemise tout en l'embrassa et la pressant entre lui et le mur. Il l'admira avant de reprendre ses baisés.

Ogan ouvrit la porte. Michaël déposa Mia très vite et ils se distancèrent l'un de l'autre. Mia vit Ogan, elle se retourna très vite et se dirigea dans son bureau. Michaël fit une grimace à Ogan.

— Merde toi! Qu'est-ce que tu fais là?

Il donna une enveloppe à Michaël.

— Amélia et moi passions déposer ça pour Mia après le travail.

Mia les entendait parler. Elle se rappela qu'Ogan devait passer.

— Disparait de ma vu tu veux.

— Très bien. N'oubli surtout pas de verrouiller la porte derrière moi.

Michaël verrouilla et alla retrouver Mia dans son bureau. Elle avait remis son linge.

— Mia, non.
— Mon instinct me dit que je ne devrais pas faire cela.

Il la prit dans ses bras et la pressa sur lui. Il l'embrassa.

— Non Mia s'il vous plaît. J'ai vraiment besoin de toi. Depuis la première fois que je t'ai vu, je n'arrive pas à bien réagir chaque fois que je te revois.

Il continua à l'embrasser sans relâche jusqu'à ce que le corps de Mia se détende et accepte à nouveau. Son corps ne voulait que lui à présent. Il la déshabilla, elle en faisait autant.

— Mia, hum.
— Oh! Je ne peux plus résister Michaël. Prends-moi.

Il la reprit dans ses bras et la souleva pour qu'elle enroule ses jambes autour de lui. Elle était prête pour lui et lui était dure à en faire mal. Il prit une protection, après soigneusement l'avoir installé, il la reprit et la pénétra doucement. Il se laissa aller en elle et l'embrassa tout en augmentant le rythme de ses poussées. Ils jouirent ensemble.

— Mia, une chose que je voulais te demander qui me tracasse. Tu as quel âge?
— Vingt-trois ans.
— Impossible d'être avocate à vingt-trois ans.
— Je sais, j'ai passé quelques années scolaires.

Michaël l'avait mis sur ses genoux en s'asseyant. Il la déposa sur l'autre chaise et se prit la tête entre les mains.

— Qu'est-ce qui m'a pris? Mia, j'ai trente-sept ans. Nous avons quatorze ans de différence. Je savais très bien que tu avais l'ère jeune, mais…
— Tu parles comme si c'était une maladie.
— Non, mais tu sais ce que je veux dire.
— Non, je ne comprends pas. Pour moi c'était… c'était très bien. Pourquoi aurais-je des remords à cause de l'âge.

Il la reprit dans ses bras.

— Alors, qu'est-ce que je t'ai fait?

Il lui sourit.

— Tu veux bien venir souper avec moi?

— Oui, mais tu m'amènes chez toi et on commandera tu veux bien?

— Oui.

Il l'embrassa tendrement.

— Tu me rejoins, je vais prendre le repas en passant.

Ogan entra dans l'auto avec un grand sourire. Amélia le scruta.

— Pourquoi ce sourire craquant?

— Michaël était là.

— Michaël! Super.

— Oui et je peux t'assurer qu'ils étaient… disons en début d'accord mutuel…feux d'artifice, tu sais.

Mia apprit à Michaël qu'elle avait été adoptée et qu'elle était originaire de la Chine. Elle lui dit aussi qu'elle n'avait pas attendu et qu'elle avait adopté deux filles de là bas. Michaël fût terriblement surpris.

— Tu en veux d'autres enfants?

— Je ne sais pas, j'aimerais bien avoir deux autres filles de la Chine. Il y en a tellement qui attendent d'être adoptées.

— Hum.

Michaël ne savait que répondre à cela. Il décida de profiter de la nuit qui les attendait et de ne plus penser à cela. Une chose était sûre dans sa tête, lui il voulait des enfants, les siens.

Huit mois plus tard, ils se voyaient toujours Mia et lui. Jamais sur une base régulière et tous deux avaient toujours leur appartement. Michaël avait rencontré ses deux filles qu'il trouvait merveilleuses. Une nuit qu'il couchait chez elle, il reçut l'appel que Maggie était sur le point d'accoucher.

— Maggie est en train d'accoucher. Je dois partir, voudrais-tu venir avec moi…nous pourrions amener les filles.

— Non, ce n'est pas ma place.

Michaël était déçu. Elle savait bien que sa famille était comme cela et que ces choses-là étaient partagées en famille. Il avait l'impression qu'elle ne voulait pas faire partie de sa famille quelques fois ou qu'elle ne voulait pas s'y adapter.

— Très bien. On s'appelle.

— Tu dois vraiment y aller maintenant? Tu pourrais passer demain.

— Non Mia. C'est un plaisir pour nous de partager cela. Je t'appelle. Je vais prendre une douche avant de partir.

Le téléphone portable de Michaël sonna à nouveau. Mia répondit. C'était Annabella.

— Salut, est-ce que Michaël est là? Je voudrais lui parler.

— Il est sous la douche. Puis-je t'aider Annabella?

— Non, je voulais savoir s'il savait que Maggie venait d'accoucher.

— Oui, il le sait. Au revoir.

Mia coupa la communication sans laisser le temps à Annabella de r'ajouter quoi que ce soit. Mia ne l'aimait pas, elle savait qu'Annabella semblait comptée un peu trop pour son oncle. Mia en profita pour regarder combien de fois ces deux-là pouvaient bien s'appeler. Le numéro d'Annabella y était chaque jour.

— ''Pour quelle raison une jeune fille de dix-sept ans doit parler à son oncle chaque jour?''

Michaël arriva à l'hôpital le dernier.

— Salut Michaël.

— Salut ma belle Amélia. Où en est l'accouchement?

Amélia n'eut pas le temps de répondre que Zack apparut avec de gros cigares dans les mains.

— Oh Michaël! Tu es venu?

— Je n'aurais pas manqué ça Zack.

— Mia n'est pas venue avec toi?

— Non, elle avait les filles...

Michaël regarda sa famille, Amélia et Ogan qui étaient là avec leurs enfants, Emmanuël et Jordon avec leur petite fille qu'ils avaient adopté, Zoé et Ted avec leur garçon. Ils étaient tous heureux. Pourquoi Mia se refusait à ce bonheur qu'il lui offrait? Ils partirent tous rejoindre Maggie.

— Elle est merveilleuse Maggie. Félicitation à vous deux.

— Tu es seul Michaël?

— Oui, Mia ne pouvait pas venir.

— Je comprends Michaël.

Michaël prit sa nouvelle nièce. Il ne pouvait s'empêcher de penser qu'avec Mia les chances devenaient de plus en plus minces d'avoir un bébé ensemble...et même de rester à se fréquenter. Il tomba dans les yeux d'Annabella qui ne semblait pas contente contre lui. Il détourna le regard. Il la prit à part plus tard.

— Annabella, tu sembles fâché contre moi? J'ai raison?

— Oui, je t'ai appelé plutôt pour m'assurer que tu savais que Maggie accouchait et c'est Mia qui m'a répondu. Elle n'est pas pour toi cette fille oncle Michaël. Elle n'est pas vraiment gentille.

— Pourquoi dis-tu cela?

— Elle ne m'aime pas, elle a coupé la communication avant que j'aie fini de parler. En plus, tu sembles ne pas le savoir, alors elle ne te l'a pas dit.

— C'est vrai qu'elle ne me l'a pas dit, elle a peut-être oublié. Pour ce qui est qu'elle soit pour moi ou pas, c'est mon problème à moi.

— Je voulais juste te prévenir.

— Bien, merci.

Michaël retourna près de Zack.

— Comment allez-vous nommer cette princesse?

— Chloé.

— Elle est si mignonne.

Zack lui sourit.

— Elle te va bien.

Tous partirent à rire et Michaël sentit qu'il se détendait un peu.

— Ogan et Amélia, vous voulez être son parrain et sa marraine?

— Oh oui, avec grand plaisir! Merci.

Ils repartirent tous pour laisser Maggie et Zack se reposer avec leur fille. Michaël regarda sa montre, il ne voulait plus retourner chez Mia. Il regarda Annabella qui le scrutait toujours.

— Annabella, pourquoi me regardes-tu toujours comme ça?

— Probablement parce que j'aime la vue que j'ai.

— Hum. Allez, on se revoit plus tard.

Michaël entra chez lui et il réalisa que Mia et lui n'étaient pas une bonne solution. Il devait lui dire, ça n'allait pas. Elle ne voulait pas d'enfant de lui, elle ne voulait qu'adopter deux autres filles de la Chine. Elle ne voulait pas participer à plusieurs évènements avec sa famille. Il voulait une femme comme ses frères avaient, une femme avec qui tout partager. Il se demandait s'il ne devait pas renoncer à une relation permanente et rester seul, il ne trouverait jamais l'amour de sa vie puisqu'il l'avait devant les yeux et qu'il s'interdisait de l'aimer. C'était impossible.

Quelques jours plus tard, il se décida à appeler Mia.

— Salut Mia.

— Salut Michaël, j'étais sur le point de t'appeler. J'avais fait une autre demande d'adoption et je viens d'avoir l'appel. Je dois partir bientôt pour aller les chercher. Tu veux venir avec nous?

Michaël en tomba presque par terre.

— Non Mia, non. Je suis désolé, mais je voulais te parler d'autre chose. Tu crois qu'on pourrait se voir ce soir?

— Impossible, j'ai trop de choses à faire avant mon départ.

— Bien, alors nous allons devoir nous parler au téléphone. J'ai bien réfléchi…et je crois que ça n'ira pas entre nous.

— Je l'avais deviné Michaël. Je crois que j'ai fini par comprendre pourquoi Annabella ne m'aime pas. Est-ce que vous couchez ensemble?

Michaël n'en revenait pas de sa question.

— Non…n..non, mais où vas-tu chercher ça?

— Michaël, après un moment, c'est très facile à voir. Si toi tu ne l'aimes pas, elle Annabella, elle t'aime beaucoup et elle est très jalouse de toi.

— A-t-elle fait quelque chose de mal?

— Non, j'ai juste deviné. Je crois que c'est la meilleure chose à faire pour nous. Je dois raccrocher Michaël. Au revoir.

— Au revoir.

— ''Elle savait. Est-ce si évident?''

Michaël ne se montra pas pendant quelque temps au cabinet et dans la famille. Il avait des problèmes à comprendre lui-même à ce que Mia lui avait dit. Lui, il le savait bien qu'il était devenu fou amoureux de sa nièce, mais qu'elle lui dit qu'Annabella était jalouse de ses conquêtes, cela l'avait surpris. Il devait absolument passer au cabinet aujourd'hui. Sa famille commençait à questionner pourquoi il ne se montrait plus.

— Salut Ogan.
— Salut. Tu ne sembles pas bien toi. Tu es malade?
— Non, c'est Mia et moi, nous avons rompu.
— Au moins il pouvait faire passer sa peine évidente sur le fait qu'il venait de sortir d'une relation.
— Tu veux en parler?
— Non, il n'y a rien à dire.
— Tu sais Michaël, je ne pouvais pas sentir que tu en étais amoureux, alors où est le problème?

Michaël appuya ses coudres sur son bureau et passa ses mains sur son visage.

— Il n'y a rien de plus, c'est juste que je crois que je vais rester vieux garçon.

Ils partirent à rire. Le reste de la journée se déroulait bien. Petit à petit Michaël reprenait sa vie et s'habituait à voir Annabella en essayait par des efforts surhumains de ne rien démontrer d'autre que de l'affection pour elle.

Michaël devait se rendre à une soirée où sa famille assisterait aussi. Il invita une femme, Sandra. Michaël remarqua qu'Annabella l'avait ignoré toute la soirée et qu'elle n'était pas plaisante avec Sandra. Il prit Annabella à part pour lui parler.

— Annabella, arrête ce que tu fais.
— J'ai le droit de ne pas les aimer.
— Ne fait pas ça, c'est impossible et tu le sais très bien.

Sur ce, il retourna auprès de Sandra.

Michaël avait passé toute l'avant-midi à la barre, il retourna dans son bureau.

— Juge Mezzo, vous avez une visiteuse dans votre bureau.
— Ah! Bien merci.

Il arqua les sourcils en voyant Annabella.

— Annabella, qu'est-ce qu'il y a?

Elle se leva et s'avança vers Michaël. Elle mit ses mains sur les joues de Michaël, lui fit un doux sourire et l'embrassa tendrement, avec amour. Michaël répondit au baiser qu'il attendait depuis si longtemps, mais il se reprit et la repoussa.

— Que fais-tu Bella?

— Je sais très bien que tu m'aimes aussi Michaël. Moi aussi je t'aime depuis si longtemps. J'ai réalisé que ma vie n'était pour être rien sans toi, alors je devais savoir.

— Non, non. Sort de mon bureau, va-t'en Bella, ne fais pas ça. Je ne veux pas de ça. Je ne peux pas, va-t'en Bella.

Il la mit à la porte et la referma. Annabella sortit du palais de justice. Elle avait le coeur brisé, elle l'aimait tant. Elle devait savoir avant de partir, s'il l'aimait lui aussi. Elle retrouve chez elle et pleura toutes les larmes de son corps.

Michaël n'en pouvait plus, il ne dormait plus. Depuis une semaine qu'il était chez lui et la seule chose à laquelle il pouvait penser était son baiser. Il aurait voulu la prendre et l'aimer. Elle venait à peine d'avoir dix-huit ans. Elle avait attendu pour lui déclarer son amour. Michaël ne voyait qu'une solution possible. Il partirait loin pour qu'Annabella puisse l'oublier et s'épanouir avec des jeunes de son âge.

— On frappa à sa porte. Il alla ouvrir.

— Salut Michaël, ça n'a vraiment pas l'erre d'aller toi.

— Non, en effet.

— Tu veux en parler? C'est une cause?

— Non Ogan, c'est dans ma vie personnelle. J'ai eu la surprise de ma vie, déplaisante ça va de soi.

— Tu n'es pas malade j'espère?

— Non.

— Tu peux me parler, je pourrais t'aider, je ferai tout ce que je peux.

— Je sais Ogan. Je sais.

Michaël semblait dans un état de découragement total.

— Vient t'asseoir Ogan. Je dois te dire quelque chose. Avant que je commence, s'il vous plaît ne me juge pas mal. Tu dois savoir que je n'ai rien encouragé de cela d'aucune manière. Je te le promets Ogan.

— Très bien. Tu m'intrigues vraiment. Que sait-il passé pour que tu sois si bouleversé?

— Tu sais comme Annabella m'a toujours bien aimé?

— Oui et c'est encore le cas. Elle s'est confiée à toi pour quelque chose de mal qu'elle a fait?

— Hum.

— C'est donc ça.

— Pas du tout Ogan. Ne fais pas de devinette et laisse-moi parler, c'est déjà si difficile pour moi.

— Très bien.

— Annabella est passée à mon bureau cette semaine.

— Ah non! Ne me dis pas qu'elle est enceinte.

— T'ai-je demandé de ne pas parler?

— Oh oui, continu.

— Elle…elle voulait…hum…me faire une confession.

Ogan se sentit un peu mal, il avait peur de la suite.

— Elle m'attendait dans mon bureau et comme je me retournais après avoir fermé la porte, Annabella se jetait sur moi et elle m'a embrassé. Le problème est que j'ai répondu à son baiser Ogan. J'ai vraiment honte de moi, je suis si désolé.

Michaël s'essuya les yeux.

— Quand j'ai réalisé ce que j'étais en train de faire, je l'ai repoussé et je lui ai dit de sortir de mon bureau. Elle est sortie en pleurant. Je suis si désolé Ogan. J'ai ressenti que son comportement envers moi avait changé, mais le plus gros problème est que je l'aime moi aussi. Mais je lui ai dit que je ne l'aimais pas. Je me devais de te le dire.

— Hum, au moins ce n'est pas ta nièce de sang.

— Je vais partir loin Ogan. Je veux qu'elle m'oublie.

— Tu sais, ça fait déjà une semaine qu'elle pleure toujours et Amélia et moi pensions que c'était un garçon, mais elle refuse de nous parler. C'était donc pour toi.

— Dis-moi qu'elle va mieux maintenant.

— Non Michaël, elle est inconsolable. Suffit que tu sois la personne qu'elle aime le plus dans la famille, je me suis dit que j'étais pour te demander de venir pour essayer de la consoler. J'aimerais bien que tu acceptes.

Elle doit arrêter ça et être raisonnée, sinon elle va être malade. Depuis déjà une semaine qu'elle ne mange plus.

— Tu me demandes beaucoup Ogan, mais parce que je l'aime, je vais y aller.

Michaël prit une douche et se rendit chez Ogan.

— Salut Amélia.
— Salut Michaël. Ogan m'a expliqué. Va la voir s'il vous plaît. Elle doit cesser de pleurer et manger à tout prix.

Michaël entra dans la chambre et prit place près d'elle dans le lit et la prit dans ses bras. Il avait le coeur brisé de la voir comme cela. Il pleura avec elle un moment et ensuite il se reprit et lui parla.

— Bella, arrête ça. Tu vas te rendre malade ma chérie.
— Je t'aime Michaël, je t'aime. J'ai essayé crois-moi. Je n'ai pas demandé qu'une telle chose m'arrive. Au début je me disais, mais voyons qu'est-ce que je fais là, je ne dois pas, mais c'est plus fort que moi, je t'aime. J'en avais mal au ventre tellement je voulais que tu m'aimes toi aussi. Mais je sais très bien que tu m'aimes, mais que tu ne veux pas.

Le corps de Michaël réagissait au sien, comme à toutes les fois qu'elle l'approchait. Il la prit sur ses genoux et l'enlaça dans ses bras. Ils s'embrassèrent tendrement et ensuite il lui mit la tête sur son épaule et lui caressa les cheveux doucement.

— Repose-toi sur moi Bella. Tu veux manger?

— Non, je n'ai pas faim. Je suis fatiguée.

— Alors, dors et promets-moi de ne plus verser une larme. Dans quelques jours nous reparlerons de tout ça à tête reposée et tu dois manger pour reprendre des forces avant que nous discutions.

— Reste tu veux. J'aimerais m'endormir dans tes bras.

— Oui, dors ma chérie.

Annabella s'endormit presque aussitôt.

— ''Mon Dieu, que va-t-il se passer de nos vies?''

Il coucha Annabella sur son lit et sortit de la chambre, salua Ogan et Amélia en vitesse et se dirigea vers la porte.

— Michaël, attends.

— J'ai besoin de rentrer chez moi Ogan.

Ogan le rattrapa dehors.

— Hé! Terrible journée hein.

— Oui effectivement. En étant avocat, j'ai souvent entendu des gens dirent que quelque chose avait changé leur vie à jamais, hé bien! Cela m'est arrivé à moi aussi. Cette journée où Annabella est venue dans mon bureau à changer ma vie. Je suis con, c'est de ma faute ce qui est arrivé. J'aurais dû partir pour la laisser vivre sa vie et oublier.

— Il faut regarder l'évidence en face, elle n'est pas ta vraie nièce.

— Elle aussi dit ne pas avoir demandé ce qui est arrivé. C'est comme ça, c'est arrivé et nous devons vivre avec.

— L'aimes-tu d'amour Michaël?

Michaël ferma les yeux. Le coeur lui faisait mal à cette pensée.

— Oui, plus que je ne le voudrais. Je dois rentrer et penser à ce qui va arriver, que vais-je lui dire quand nous allons nous rencontrer pour parler de tout ça.

— Très bien. Merci Michaël d'être venu.

— Je n'ai pas de remerciement à recevoir après avoir fait un gâchis comme celui-là.

Michaël laissa un message à son bureau qu'il ne viendrait pas au bureau de la semaine qui suivait. Il expliqua qu'il avait de gros problèmes personnels à régler et qu'il lui serait impossible de juger convenablement s'il n'arrivait pas à se concentrer.

On frappait à la porte. C'était son père, Michaël

s'attendait à sa visite d'une journée à l'autre.

— Michaël, que ce passe-t-il?

— C'est personnel papa.

— Quel est le problème mon fils? Au palais, on me dit que tu ne dois revenir qu'après avoir réglé tes problèmes. Quels sont-ils tes problèmes? Tu es horrible à voir, tu sais?

— Merci papa, mais je le sais. Je vais te dire que mes problèmes sont personnels et que je vais devoir partir… très loin d'ici papa.

— Son père le regarda, il était soucieux.

— Michaël, j'ai déjà un frère qui a osé disparaitre de ma vie comme tu veux le faire. Ne fait pas ça. Tout peut s'arranger. Il faut parler mon garçon, ne me fait pas ça s'il vous plaît. Dis-moi ce qui est si terrible pour que tu partes loin de nous.

— Je ne peux pas en parler papa, pas maintenant.

Son père reparti pour le bureau en toute urgence. Une réunion familiale s'imposait.

— Les enfants nous avons un très gros problème sur les bras. Michaël vient de m'apprendre qu'il va partir loin de nous. Il ne veut pas me dire la raison et il m'est impossible de le deviner. Il est horrible à voir. C'est évident que ce qui va l'éloigner de nous est sérieux.

Ogan et Amélia se regardèrent avec un air soucieux. Un silence mortel s'installa dans la salle.

Amélia leva les yeux et regarda sa belle-famille et Ogan prit la parole.

— Nous, nous savons. Nous l'avons appris ce matin. Michaël est dans le même état qu'Annabella. Nous avons découvert qu'ils s'aimaient. Il ne faut pas les juger.

Ogan leur détailla tout ce qu'il avait appris d'Annabella et de Michaël.

— Moi aussi j'ai bien vu ça.

Tous regardaient Zoé. Elle leva les épaules.

— Nous devons être honnêtes. Jason et moi avons constaté la même chose.

Johannie baissa la tête en fermant les yeux.

— Moi aussi j'ai bien vu qu'Annabella envoyait des éclaires à Michaël et à deux reprises, Michaël l'avait prise à part pour lui parler.

— Alors si Michaël veut partir, c'est pour laisser la place à Annabella et se faire oublier d'elle.

— Moi je ne veux pas voir ma fille partir, mais je ne veux pas non plus voir Michaël détruire la vie dont il a travaillé si fort pour y arriver.

— C'est pareil pour Annabella. Ils vont se détruire tous les deux.

Ted prit la parole.

— Oui, mais…on parle ici d'un oncle et sa nièce.

Amélia regarda Ted.

— Alors ce sera à moi de décider, je crois. Annabella n'est pas la nièce de sang de Michaël et ce ne sera pas la première fois que l'on voit un couple avec une différence d'âge. J'aimerais mieux voir ma fille avec un homme d'un certain âge qui l'aime et qu'elle aime aussi que de la voir avec un homme de son âge et qu'ils ne soient pas heureux. Désolé pour ceux qui n'aiment pas ma vision, mais je les aime tous les deux et ne veux en voir aucun se détruire.

Le silence se réinstalla dans la salle. Ogan regarda Amélia.

— Je vais voir Michaël.
— Et moi, Annabella.

Ogan frappa à la porte de Michaël. Celui-ci regarda par le judas.

— Va-t'en Ogan, je ne veux pas te voir. C'est mieux comme ça, crois-moi.

Il ouvrit la porte et Ogan le poussa pour entrer.

— Imbécile! Il n'est que 10h00 le matin et tu bois ça. Je vais te faire un café.

Quand Ogan revint près de Michaël, celui-ci avait des larmes aux yeux.

— Nous venons d'avoir une réunion familiale et apparemment, les femmes de notre famille avaient vu certaines choses que nous les hommes n'avez pas vu. Il y a longtemps apparemment que vous vous reluquez. Aussi qu'Annabella serait jalouse de tes conquêtes…des choses comme ça.
— C'est pour cette raison que j'étais avec Mia. Je lui portais beaucoup d'attention pour ne pas en porter trop à Annabella. Mais je ne savais pas qu'entre Annabella et moi que c'était réciproque, je crois que nous ne voulions pas le voir. Dis-lui que je ne l'aime pas et que je vais partir loin.
— Pour finir de la détruire et toi aussi, non merci. Elle dit qu'elle va partir elle aussi. Mais nous aimerions

tous que personne ne parte. Si vous vous aimez vraiment…elle n'est pas ta nièce de sang, tu sais. Amélia et moi aimerions vous voir heureux tous les deux et parmi nous. Nous ne voulons pas vous voir partir et déchirer par la vie. Comme Amélia dite, ce n'est pas d'hier qu'on voit des couples avec une différence d'âge.

— Que dis-tu Ogan?

— Que je vais te tuer si tu lui fais du mal! Elle semble perdue et toi aussi. Vous avez besoin l'un de l'autre. Après avoir vu Annabella pleurer pendant une semaine, je crois qu'il y a vraiment de l'amour.

— Jamais je ne lui ferais de mal. Je ne voulais pas lui faire une telle peine. Peut-être moi, à un certain moment, je lui ai fait savoir par mes regards que je…je l'aimais. Oui Ogan, je l'aime, mais ce n'est pas une raison pour détruire sa vie. C'est moi le plus âgé et c'est à moi de partir.

— En ne l'acceptant pas, tu lui as fait du mal c'est sûre. Alors, cesse de lui en faire plus et essayer de voir comment cela irait entre vous. Toi aussi tu dois essayer d'arrêter de te faire du mal avec cela.

— Ogan, elle a dix-huit ans, j'en ai trente-huit. C'est impossible. Quand je l'ai consolé ce matin, je lui ai dit que nous allions reparler de tout cela, mais je sais très bien que je dois m'éloigner d'elle.

Michaël se mit le visage dans les mains.

— Je ne veux pas lui faire de mal, et j'ai si honte.

— Mia était très jeune aussi.

— Elle avait vingt-trois ans. Cinq ans de plus. Je suis un minable, je crois. Pourquoi j'attire des jeunes femmes?

Ogan arqua les sourcils.

— Tu te plaints si je ne me trompe. Les hommes diraient qu'il faut croire que tu as de la veine pour un vieux de ton âge.

— Euh! C'est toi qui es un imbécile maintenant.

— Nous vous aimons tous les deux. La famille est au courant et bien d'accord avec notre décision à Amélia et moi. Nous voulons vous garder parmi nous, alors le mieux serait d'essayer. Si un de vous deux partait, mais que vous vous aimez vraiment, aucun de vous deux ne sera heureux. Alors j'aimerais que tu la rendes très heureuse.

— Je ne pourrais pas.

Ogan se leva pour partir.

— Si, tu peux. Je vais te l'envoyer et vous parlerai. Au moins, essayez d'être ensemble avant de vous détruire si ça ne marche pas. Salut Michaël. Va prendre une douche et rase-toi, tu auras l'ère moins minable quand elle arrivera.

— Non Ogan, ne fait pas ça.

Il était trop tard, il avait refermé la porte.

Michaël pensa à Annabella, il la faisait souffrir. Mais qu'allait être une relation comme celle-là? La fille de son jeune frère. Il devait se concentrer sur le fait qu'elle n'était pas sa fille de sang, sinon il ne survivrait jamais à ça.

Il décida d'appeler son père. Il avait toujours été très proche de son père. Souvent il lui demandait conseil. La situation était délicate, mais Ogan disait qu'ils savaient tous. Comment allait-il le prendre vraiment?

— Bonsoir papa.

— Bonsoir Michaël, je suis content de t'entendre. Ça va?

— Non, pas du tout. J'ai besoin de conseil papa à propos de ma situation avec Annabella.

— Bien Michaël, dis-moi sur quoi exactement tu veux un conseil?

Michaël lui expliqua la situation du début à la fin.

— Tu sais Michaël, ta mère l'avait bien vu. Toi aussi tu l'aimes il me semble, car tes regards pour elle, ont changés. Aussi quand j'ai demandé à quand le prochain mariage quand nous étions tous en vacances pour celui de Zoé et Ted, tu t'es empressé de me répondre si vite que tu n'y pensais pas du tout avec Mia, n'est-ce pas. Tu étais déjà amoureux d'Annabella.

— Je ne le savais pas, mais j'ai senti que j'étais un peu jaloux quand nous l'avons trouvé sur la plage avec un petit ami. Je suis minable hein.

— Non tu n'es pas minable. Tu sais ce qu'ils disent d'un homme qui est vraiment amoureux?

— Non.

— Qu'il ait perdu.

— Tu m'aides beaucoup papa. Alors je suis bien perdu.

— Michaël, tu dois oublier que tu es son oncle. Tu sais très bien que tu l'es seulement que par politesse.

— Mais papa, même sans cela, elle a dix-huit ans et j'en ai trente-huit.

— Hum, tu es un veinard, tu ne crois pas.

Michaël leva les yeux au ciel. On frappait à la porte.

— Ah merde papa! Ogan a vraiment envoyé Annabella ici. Je te rappelle demain.

Il ouvrit la porte et Annabella resta plantée là à le regarder.

— Que fais-tu ici Bella?

— Papa a dit que nous devions parler. Michaël, j'ai besoin de toi, je sais très bien que tu m'aimes aussi.

Il déglutit péniblement.

— Il semblerait que tout le monde voyait que j'avais de l'amour pour toi, alors si toi aussi tu le dis, je ne suis plus surpris que tout le monde sache.

— Je peux entrer?

Il ferma les yeux quelques secondes et pinça les lèvres.

— Tu ne m'as pas laissé beaucoup de temps pour penser.

— Je te l'ai dit, c'est papa qui disait que tu voulais me voir.

— Ogan! Ah lui! Tu veux un verre?

— Oui, ça m'aidera à relaxer.

— Moi aussi je suis très tendu.

Ils rirent. Michaël vint s'asseoir près d'elle.

— Michaël, tu crois que nous pourrions essayer au moins.

— Je ne sais pas, je ne sais plus rien ce soir.

— Michaël, je voulais te dire que je suis une femme respectueuse. Si je savais que tu aimais quelqu'un d'autre, je ne serais jamais intervenue.

Il la regarda avec une grimace.

— Il n'y a plus personne.

— C'est à cause de moi?

Il lui refit une grimace.

— Tu es beau quand tu fais cette petite grimace que j'aime bien.

Il la fit rire avec ses grimaces.

— ''Qu'elle est belle quand elle rit''.
— J'aime ton chez-toi, la décoration est reposante.
— Je vois que tu as bu ton verre déjà.
— Hum, oui. Je crois que je suis un peu nerveuse et je n'ai pas réalisé que je l'avais calé.
— Oui, c'est une situation assez difficile. Tes parents semblaient-ils vraiment d'accord avec cette union?
— Oui, je leur ai dit toute la vérité, comment je me sentais et c'est là que papa m'a dit que tu voulais me parler. Je leur dis toujours la vérité ou je ne parle pas.
— C'est bien.
— Tu te rappelles quand nous étions en voyage et que j'ai embrassé un garçon sur la plage?
— Oui, je t'avais attendu pour discuter avec toi.
— Tu m'avais attendu parce que tu étais jaloux. Soit honnête avec moi Michaël.
— Si tu le crois.

Elle lui sourit. Elle en était sûre.

— Entêté hein. Hé bien! quand je me suis aperçu que tu étais là avec Mia, moi j'étais jalouse quand je t'ai vu l'embrasser. C'est pour ça que j'ai stupidement inventé l'histoire qu'il m'invitait chez lui, seule, sans parents.

— Tu avais inventé ça?

— Hum, oui.

— Mais…

— Pour te rendre jaloux, mais aussi parce que chaque fois que tu me faisais un petit discourt sur le bien faire, tu veux toujours être seul avec moi. C'est ce que je voulais, être seule avec toi.

— Tu es incroyable, tu sais.

Elle approcha sa main vers lui. Il la prit dans la sienne et leur regard se rencontra. Michaël pouvait lire le désir qu'il y avait dans celui d'Annabella. Il déglutit.

— Tu ne m'as toujours pas fait de discours ce soir.

— Je crois qu'il n'y a plus rien à ajouter.

Annabella arqua les sourcils et lui sourit.

— M. le juge qui ne sait plus quoi dire. Impossible.

Il sourit et serra sa main un peu plus.

— ''Je n'ai plus de mot parce que je te veux.''

Elle enlaça ses doigts au sien.

— Tu veux un autre verre Michaël? Moi je vais en reprendre un peu.

— Oui, j'y vais.

— Non, c'est mon tour.

— Bien.

Il la regarda se déplacer si gracieusement. Quand elle revient, elle vint s'asseoir beaucoup plus près de lui. Il réalisa que ses gestes étaient calculés, mais il s'en fichait, il la voulait plus près de lui, beaucoup plus près. Annabella mit sa jambe sur celle de Michaël et il y mit sa main.

— Qu'est-ce que tu me fais Bella?

— Je me rapproche de toi, j'aime sentir ta chaleur. Je suis si bien dans tes bras et je voudrais que tu m'embrasses à nouveau.

— J'ai des visions pour l'instant qui m'en empêchent.

— Quelles visions?

— Être ensemble dans la famille, je me sens mal juste à y penser. Qu'est-ce que ce sera?

— Hum, j'y ai pensé aussi. C'est sûr que ce sera une petite épreuve la première fois, mais certainement surmontable. Beaucoup plus que de souffrir de ne pas être avec toi.

Il lui fit signe que oui. Depuis environ trois ans déjà qu'il se sermonnait à cause d'elle. Maintenant qu'ils s'étaient embrassés, il souffrait affreusement.

— Tu bois trop vite Bella. Tu vas être malade si tu n'es pas habitué. Je ne veux plus que tu en reprennes pour ce soir.

— Bon, je boirais avec toi.

Il lui sourit de toutes ses dents. Il lâcha sa main, la mit derrière sa nuque. Il déglutit, il avait tellement soif d'elle. Son érection était tellement dure et il savait qu'elle l'avait vu. Il n'en pouvait plus, il la voulait. Il l'embrassa tendrement et Annabella en profita pour se glisser sur ses genoux. Elle défit quelques boutons de sa chemise. Michaël trouva une ouverture sur sa hanche. Il laissa sa main y glisser, elle était si douce. Il laissa glisser sa main jusqu'à son sein et leur baiser devint de plus en plus sauvage.

À bout de souffle, Annabella envoya sa tête vers l'arrière et l'invita à son cou, si délicat. Cette belle peau laiteuse dont il avait tant rêvé.

— Tu me rends fou Bella, fou.

— Et si tu savais comme toi aussi. Il me semble que depuis toujours que j'attends que tu me prennes que j'en devenais folle. Je suis à toi et à toi seul Michaël.

Il l'embrassa jusqu'à ne plus avoir de souffle.

— Tu es si douce, si belle.

Il laissa ses mains monter doucement à nouveau sur son corps quand elle arqua son dos vers l'arrière, il n'en pouvait plus, il devait être en elle. Il reprit sa bouche.

— Tes yeux sont merveilleux Michaël.
— Qu'est-ce qu'ils ont mes yeux?
— Ils sont vitrés, tout comme quand tu me regardais quelques fois.
— C'est parce que tu me rendais fou, mon cerveau arrêtait de fonctionner.
— Je sais. C'est comme ça pour moi aussi.

Il laissa ses pouces aller sous son soutien-gorge. Elle alta et l'embrassa pour lui montrer son approbation. Elle se collait à lui plus étroitement. Michaël envoya sa tête vers l'arrière et ferma les yeux quelques secondes.

— Bella, pourquoi es-tu venu ici? Es-tu certaine de vouloir cela? Bella, nous devions discuter avant. Si cela ne fonctionnait pas, entre-nous?
— Alors nous survivrons, mais je ne vois pas ma vie sans toi. Oui, je veux être à toi, depuis si longtemps que j'attends ce moment. Je prends même la pilule depuis un an, au cas où cela nous serait arrivé avant.
— Jamais je n'aurais fait ça avant ce soir. Jamais je ne me serais avancé.
— Je sais. J'avais compris ça.

Elle enleva la chemise du pantalon de Michaël et dévora son torse de ses yeux et de ses mains.

— Tu es si beau.
— Tu ne diras peut-être pas ça dans vingt ans Bella.

Elle lui sourit.

— Vingt ans ensemble, je suis partante. Mais je veux savourer l'instant présent avec toi, dans tes bras.
— Tu sais comme ça fait mal de vouloir une femme à ce point?
— Oui, moi aussi ça fait mal de vouloir un homme à ce point, comme je te veux.
— J'ai peur d'aller trop vite Bella, beaucoup trop vite tellement je te veux.
— Alors je te soulagerai avant.

Elle enleva son gilet et son soutien-gorge. Il caressa ses seins du bout des pouces et ils les prirent dans ses mains pour les mettre à sa bouche l'un après l'autre.

— Je ressens tes caresses jusqu'au plus profond de moi, mon bas ventre me brûle par tes caresses. C'est merveilleux Michaël.

Il la prit dans ses bras et la porta jusqu'au lit. Il la regardait allongé sur son lit, il était ivre d'elle. Il n'entendait plus rien autour de lui, il ne voyait que elle.

Elle allongea ses bras vers lui.

— Vient Michaël.

Il lui enleva son pantalon et s'attaqua au sien par la suite.

— ''Quelle déesse''! Tu es si belle.
— Je suis à toi Michaël, à toi seul.
— Il y a longtemps que mon coeur est à toi Bella.
— Mon coeur est aussi à toi, mais maintenant prend mon corps.

Elle caressa son érection et descendit avec ses doux baisés jusque là. Elle lui enleva son caleçon et le soulagea avec sa bouche.

— Ce n'est pas juste, hum, ah, c'est moi qui voulais te prendre en premier. Tu défis mes lois en tout Bella.
— Nous aurons toute la vie pour recommencer.
— Hum, rrrrrrr.

Il caressa sa tête doucement puis quand elle vit sa main qu'il avait sur sa cuisse à lui se crisper, il la souleva très vite et l'embrassa sauvagement en gémissant. Il appuya très fort sur le bassin d'Annabella et faisait aller son bassin. Il éjacula entre leur ventre. Il lui parlait en l'embrassant.

— Ce n'est pas juste. Attends-moi, je reviens et je vais te donner tout ce que tu m'as donné comme jouissance.

Il alla se laver et prit une serviette humide et revint vers elle pour lui nettoyer le ventre.

— Je vais t'aimer maintenant jusqu'à ce que tu me supplies d'arrêter.
— Alors je te supplie maintenant de me prendre.

Il prit beaucoup de temps sur ses seins pour ensuite descendre entre ses cuisses jusqu'à ce qu'elle le supplie fort. Il la fit jouir deux fois avant de remonter à sa bouche et la sentir frémir sous lui.

— Tu sais nous pouvons attendre Bella, nous n'avons pas besoin de faire ça tout de suite si tu préfères.
— S'il vous plaît Michaël, je te veux en moi. Je ne veux faire qu'un avec toi. Prend-moi Michaël, prend-moi.

Il entra doucement tout en la regardant dans les yeux. C'était si intense. Il n'avait jamais vécu rien de tel.

— Est-ce la première fois Bella?
— Oui, je suis vierge pour toi.

— Tu me le dis Bella si jamais je te fais mal?

Elle lui fit signe que oui, mais elle le voulait tellement qu'elle l'attira à lui. Elle mit ses jambes autour de lui et essaya de l'attirer pour qu'il entre plus vite en elle, mais rien à faire, il voulait la prendre doucement. Elle pinça les lèvres et Michaël savait qu'il était au point attendu.

— N'arrête surtout pas s'il vous plaît Michaël.

Il continua tout en lui demandant si ça allait. Pour toute réponse elle s'accrocha fort à lui et enfouit son visage dans son cou et tira sur ses jambes plus fort.

— Viens Michaël, oui c'est bon, n'arrête surtout pas.
— Je suis perdu avec toi Bella.
— Je t'aime Michaël.

Il l'aimait, mais ne pouvait lui dire tellement il ressentait de la haine pour lui-même. Son corps la voulait, mais son esprit lui interdisait. Il se sentait trop bouleversé par son instinct mâle et ne pouvait faire fonctionner son cerveau. Il ne s'appartenait plus, il était possédé par Bella. C'était de l'amour à l'infini qu'il ne pouvait définir juste par un mot.

— Ah! Oui, oui, n'arrête…pas. C'est…hum.
— Oui Bella vient avec…moi. Aaaaaa Bella.

Il resta en elle jusqu'à ce que leur respiration s'atténue quelque peu. Il l'embrassa avant de rouler sur le dos. Il l'attira à lui et la serra fort.

— C'était merveilleux, mon amour.

Il sourit, lui leva le menton et l'embrassa à nouveau.

— Oui, merveilleux Bella.

Ils firent l'amour pendant des heures, dans la douche, sur le lit, sur le sofa. Michaël ne dormait toujours pas quand il croyait que Annabella était endormie dans ses bras.

— Bella, j'ai découvert l'amour.

Annabella l'entendit, car elle n'était pas endormie. Elle se sourit à elle même. Elle était heureuse. Elle attendit que Michaël soit endormi puis elle se leva et s'habilla. Elle trouva du papier pour lui écrire une note.

Mon amour de Michaël,

Je ne peux me permettre de manquer mes cours aujourd'hui.

J'ai déjà manqué une semaine. Tu

*me manqueras tout au long de la
journée. Je ne penserai qu'à toi.
J'aimerais revenir ce soir chez toi.
Si tu veux, nous pourrions souper
ensemble. Envoie-moi un texte pour
me répondre. Je t'aime*

Ta Bella xxx

Michaël ouvrit les yeux et prit quelques minutes avant
de se repasser les évènements de la nuit. Il chercha Bella
du regard et l'appela. Il se leva et en arrivant dans la
cuisine où il trouva la note et sourit. Il avait un
pincement au coeur en pensant à elle. Il aurait voulu
l'avoir près de lui en s'éveillant.

— ''Ses parents étaient-ils vraiment prêts à ça? Je
dois parler à Ogan pour m'en assurer.''

On frappa à la porte.

— ''Mais…quelle heure est-il? 11h00, ah merde!''
— Un instant.

Il alla mettre son pyjama et regarda dans le judas qui
était à sa porte.

— ''Ogan!''

Il ouvrit la porte à contrecœur. Il voulait lui parler, mais pas le voir et certainement pas avant son café.

— Entre. Tu veux un café?

— Oui s'il vous plaît. Ça ne va pas, ta secrétaire m'a dit que tu n'y serais toujours pas avant quelques jours.

Michaël leva les yeux au ciel.

— C'est vraiment toi qui me demandes ça?

— Hé oui!

— Pourquoi es-tu là Ogan? J'étais pour t'appeler un peu plus tard.

— Je crois que c'est la première fois que je te vois en pyjamas depuis…depuis très longtemps et il est presque midi en plus.

— Ogan, je te repose la question…

— O.k. O.k., C'est Amélia qui m'envoie, tu sais comment elle est, elle s'inquiétait pour toi. Elle m'a forcé à venir.

Michaël sourit. Ils allaient bien ensemble ces deux-là.

— Hum, hum.

— C'est vrai, tu lui demanderas si tu ne me crois pas. Elle voulait savoir si Annabella et toi aviez discuté et si Annabella allait bien. Elle est passée ce matin, mais nous n'étions pas debout.

— Elle est partie à ses cours. Elle…elle voulait venir souper avec moi ce soir.

— Alors je conclus que ça va?

— Oui.

Michaël regarda son frère.

— Ogan…suis-je en train de faire une erreur?

— Non Michaël, même nos parents avaient ressenti quelque chose entre vous deux. Ils nous ont toujours à l'oeil ces deux-là.

— Oui c'est vrai. Ce sont de bons parents.

— Michaël, je suis venu te répéter la même chose, car je sais que tu trouves cela difficile et contre tes principes de la vie. Mais la vie nous apporte des surprises quelques fois. Essayez Annabella et toi et vous verrez où cela vous apportera. Mais nous croyons qu'il y a vraiment un très grand amour entre vous deux.

— Oui Ogan, c'est vrai qu'il y a ce très grand amour entre nous deux. Mais si cela ne marchait pas Ogan, je devrai partir très loin d'ici pour que Bella puisse faire sa vie avec sa famille.

— Tu l'appelles Bella?

— Hum, oui. J'aime l'appeler Bella.

Michaël fit une pose et reprit.

— Mais toi Ogan, comment te sens-tu dans tout ça?

— Hé bien! J'ai eu mon lot de surprise hier, mais je m'en remets avec ce qu'Amélia me disait. Tu sais si Annabella serait avec un jeune de son âge et qu'il ne l'aimait pas à sa juste valeur et qu'elle ne serait pas heureuse, nous ne le serions pas non plus. Pour nous, l'importance, c'est qu'elle soit aimée et heureuse.

— Alors, c'est un oui? Tu acceptes ça?

— Oui, tu sais qu'elle est ma fille dans mon coeur, mais ce que je veux avant tout, c'est vraiment son bonheur.

— Merci. Je vais tout faire pour ne pas te décevoir. Je l'aime comme un fou Ogan.

— Si elle veut un vieux comme toi, c'est son problème.

Ils rirent ensemble et Michaël lui mit le cou coincé dans son bras.

— Très drôle jeunot.

— Alors ça va?

— Oui, j'appréhende quand même la première sortie en famille.

— Un à la fois dans ce cas. La famille est au courant, c'est déjà ça. Je dois dire que le seul qui est été surpris est Ted. Il ne savait pas qu'Annabella n'était pas ma fille.

— Je l'aime beaucoup, tu sais.

— Oui, je le sais, c'est la raison pour laquelle je l'accepte. Je sais que tu ne lui feras jamais de mal. Bon, je dois retourner au bureau.

Quand Ogan fut sur le point de fermer la porte derrière lui, il cria à Michaël.

— N'oubliez pas la fête des jumeaux dans une semaine.

Michaël envoya sa tête vers l'arrière en signe de défaite.

— Ah non! Pas la fête des jumeaux. Petite merde d'Ogan, il savait très bien quand j'ai parlé de la première sortie en famille.

Il reprit un autre café et alla s'installer au salon pour envoyer un texte à Annabella.

Bella, je t'attends avec
impatience…
Mais ne sèche surtout pas tes
cours.
Je suis impatient de te voir.
À ce soir Bella
M.xxx

Ogan alla directement au bureau d'Amélia en entrant.

— Comment il était?
— Bien, il redoute la première réunion en famille. Alors je lui ai juste rappelé la fête des jumeaux en sortant.
— Ogan! Tu es terrible avec lui.

Il sourit et l'embrassa.

— Toi, tu ne le sais pas, mais ils m'en ont fait des coups mes frères et même la princesse.
— Qu'a-t-il dit?

Ogan la serra fort dans ses bras.

— Il m'a dit très sincèrement qu'il l'aimait beaucoup et qu'il ferait tout pour ne pas nous décevoir et pour la rendre heureuse. Aussi, que si jamais cette relation ne marchait pas, qu'il partirait loin pour s'assurer qu'Annabella reste près de nous.
— Je ne sais pas pourquoi, mais je les vois totalement toute leur vie ensemble ces deux-là.
— Tant mieux si c'est le cas. Moi, entre-temps j'ai très hâte à la fête des jumeaux. Je crois qu'on va bien rire de la situation.
— Je les aime tant tous les deux.
— Tu es la meilleure mère du monde toi.

Johannie était à la porte du bureau et Ogan leva les yeux sur elle. Il arqua les sourcils.

— Hum, hum, tu crois.
— Après ma propre mère naturellement.

Ils rirent tous.

— Bon, je vous laisse parler des derniers potins.

Ogan disparut dans son bureau.

— Je me demandais si tu avais des nouvelles d'Annabella et Michaël.
— Oui, ils vont bien, mais du côté de Michaël, ça semble un peu plus difficile à accepter.
— Je comprends.
— D'après ce que nous avons pu ressentir entre eux, je ne m'inquièterais pas trop. Le temps s'occupera du reste.
— Tu sais Johannie, je ne pouvais rêver meilleur époux pour Annabella. Je sais qu'il l'aime vraiment et qu'il la rendra heureuse.

Zoé entra au même moment.

— De qui parlez-vous?
— Annabella et Michaël.
— Ils s'aiment beaucoup hein?
— Oui et ils sont maintenant ensemble.

Michaël ouvrit la porte et souleva Annabella dans ses bras.

— Quel bel accueil? Je t'ai manqué d'après ce que je peux voir.

— Oui…très. Tu as faim?

— Plus tard tu veux bien.

— Comment c'est passé ta journée?

— Bien, mais trop longue avant de te retrouver.

Il lui sourit et l'embrassa. Ils firent l'amour quelques fois avant de se lever pour manger.

— Bella, j'ai pensé à beaucoup de choses aujourd'hui.

— À quoi donc?

— Nos amis par exemple. Moi, je ne suis pas un gars qui a beaucoup d'amis, beaucoup de relations oui, mais les membres de ma famille sont mes meilleurs amis. Je préfère être avec eux.

— Moi aussi.

— Par contre, quelquefois je me dois d'assister à des soirées.

Annabella le regarda surprise.

— Si tu préfères, je n'irai pas.

— Non Bella, si nous avons honte d'être ensemble cette relation n'ira nulle part.

— Dans ce cas, j'irai avec toi fièrement.

— Merci Bella, c'est vraiment ce que je veux. Nous allons devoir nous attendre à certains commentaires désobligeants, surtout moi, je crois.

— Je m'en fou, je t'aime et rien n'y personne ne pourra me sépare de toi.

Après une pause Michaël l'embrassa.

— En étant juge et d'une famille d'avocat, j'ai entendu des histoires incroyables, tu sais. Je ne sais pas exactement à quelle heure tu es partie, mais ne pars plus la nuit seule. Si tu restes, tu restes jusqu'au matin.

— Bien, mais si je viens sans passer la nuit…Michaël non quand même!

— Mais non, disons qu'après minuit le risque d'attaque double.

— Tu m'as fait peur. Écoute, je ne veux pas m'imposer chez toi, alors si tu veux que je passe la nuit, tu me demanderas, car si ce serait juste de moi, je resterais toujours dans tes bras.

Elle alla s'asseoir sur ses genoux.

— Moi aussi Bella, je veux rester toujours dans tes bras. Alors, tu crois que tu peux rester ici ce soir. Je vais te laisser dormir…un peu.

— Ah! Ah! Ah! Oui, j'aimerais bien…que tu me laisses dormir un peu.

— Alors, viens, je dois commencer tout de suite si je dois te laisser dormir.

— Je t'aime Michaël.

Il la souleva dans ses bras puissants.

— Je t'aime aussi Bella.

Après quelques heures à regarder Annabella dormir, il s'en voulait d'avoir laissé les choses aller comme cela. Aurait-il pu l'éviter? Il était enragé contre lui-même. Annabella ouvrit les yeux, elle le regardait, il était couché sur le ventre à la regarder.

— Tu ne dors pas mon amour?
— Non.

Elle leva la tête et se tourna sur le dos.

— Qu'est-ce qu'il y a Michaël? Tu sembles tourmenté.
— Je n'aurais jamais dû laisser les choses aller en ce sens Bella.

Elle prit son bras et le leva pour se hisser sous lui. Il finit par céder et se souleva un peu pour qu'elle prenne place sous lui. Elle lui mit ses mains sur ces joues et le regarda dans les yeux.

— Michaël, je t'aime, je ne pense qu'à toi, qu'à ce moment et crois-moi, j'ai été très raisonnable, j'ai essayé et essayé de t'oublier. Tu te rappelles à un certain moment je n'allais plus dans aucune fête familiale?

— Oui, je me rappelle très bien, le médecin disait que tu étais nerveuse et que chaque fois qu'une fête se préparait que cela te rendait nerveuse et que finalement, le jour venu, tu étais plus malade encore.

— Non, c'est ce que le médecin disait et aussi ce que tout le monde croyait, mais moi je faisais semblant pour ne pas avoir à te voir tellement c'était pénible.

— C'est toi qui faisais ça?

— Oui. Je t'aime Michaël, s'il vous plaît, ne me rejette pas. Je ne pourrais pas vivre sans toi, mon existence ne sera qu'une vie malheureuse.

Les larmes coulaient sur ses joues. Michaël essuya les larmes de ses pouces. Et il l'embrassa.

— Ne pleure pas Bella. Comment puis-je te résister maintenant que j'ai goûté à cet amour secret? J'en ai tant rêvé.

Annabella regarda Michaël dans les yeux.

— Prends-moi Michaël, prends-moi encore et encore.

Il entra doucement en elle et embrassa ses larmes.

— Je ne te rejetterai jamais Bella, nous allons devoir apprendre à vivre avec nos choix.

Juste avant d'entrer chez Zack, Michaël regarda Annabella.

— Bella, je suis si nerveux, je…

Elle lui mit le doigt sur la bouche.

— Tu te rappelles mon chéri, on s'assume.
— C'est moi qui ai dit cette bêtise?

Ils rirent et ceci fit en sorte de le détendre un peu.

— Embrasse-moi Bella et je vais tout oublier.

Ils s'enlacèrent quelques minutes.

— Tu es prêt. J'ai bien hâte de revoir les jumeaux et aussi ma toute nouvelle cousine.

Michaël la prit par le bras pour l'arrêter dans son élan.

— Bella, j'aimerais parler à la famille pour qu'ils soient d'accord qu'à partir de maintenant…qu'ils soient tes neveux et nièces et non tes cousins, cousines. Je crois que cela nous faciliterait la tâche. Tu es d'accord?

— Absolument d'accord avec toi.

Ils entrèrent et tous les accueillirent chaleureusement.
Maggie les regardait et s'adressa à Zoé.

— Tu sais Zoé, j'aime Zack éperdument et nous
vivons le parfait amour, mais quand je regarde Michaël
et Annabella ensemble, j'ai l'impression que notre
amour n'est rien comparé à eux.
— C'est vrai. Moi aussi je ressens cet amour
passionnel qui émerge de leurs regards entre eux, leurs
touchés…je si heureuse pour eux. Jamais je n'ai vu mon
frère Michaël si…
— Si beau.
— Oh maman! Ils sont magnifiques.
— Oui, mais je vais devoir prendre Michaël à part et
lui dire de se détendre.
— C'est vrai qu'il semble un peu tendu.
— Un peu! Il va éclater de nervosité bientôt. J'y vais
de ce pas.
— Michaël mon chéri, tu viens voir les chevaux avec
moi.

Ogan se leva et manifesta son intérêt pour la visite des
chevaux, mais Johannie lui fit signe que non.

— Ah! J'irai plus tard, c'est tout. Bonne chance
Michaël.

Il lui fit des gros yeux.

— Qu'il est mesquin celui-là maman.

Johannie riait. Oui, son Ogan était spécial.

— C'est pour ça qu'on l'aime, il est spécial comme vous tous.

— Oui, mais on dirait qu'il défit toujours toutes les lois dans notre famille lui.

— Ah! Ah! Ah! Laissons ton petit frère tranquille et parlons de toi mon chéri.

— Que veux-tu savoir maman?

— Je sais que tu es tellement stressé aujourd'hui que tu me fais peur.

— Ça va aller, ne t'inquiète pas.

— Non Michaël, tu dois comprendre que nous acceptons tous votre amour et aujourd'hui plus que jamais à vous voir ensemble. Vous êtes si beaux à voir, il y a tant d'amour entre vous deux. Cesse de te tourmenter.

— Merci maman. Je l'aime tant et depuis si longtemps.

— Depuis deux ans exactement que tes regards ont changés envers elle et c'est pareilles pour elle.

— Oui, c'est vrai. Maman, comment peux-tu toujours lire en nous, tes enfants? Ça semble si facile pour toi.

Elle le regarda et sourit.

— Quand tu seras parent, tu comprendras. Naturellement, les femmes ont tendance à voir plus que les hommes, ça, c'est juste naturel.

Il lui sourit.

— Alors vous êtes les plus merveilleux parents de la terre, car pour voir et comprendre vos cinq enfants comme vous le faites, vous vous devez d'être très attentifs envers nous.

Ils étaient restés sur place dans la cour, mais ne s'étaient pas rendus aux écuries.

— Je retourne à l'intérieur. Reste ici, je vais t'envoyer ton petit frère pour aller voir les chevaux.
— Très drôle maman. Je préfère Bella à sa place.

Il vit sortir Annabella au bras de son père.

— Tu devais vraiment l'amener avec toi?

Ils rirent et Michaël fit l'accolade à Ogan. Annabella les prit par le bras tous les deux.

— Venez, on va voir les chevaux.

— Tu aimerais venir en promenade à cheval avec moi Bella?

— Oui, j'adorerais.

— Zack m'a dit qu'après la fête des jumeaux, nous irions tous.

— Parfait. Dans ce cas nous attendrons.

— Ogan, je voulais demander quelque chose à la famille, mais je voulais t'en parler avant.

— Quoi donc?

Annabella regardait Michaël.

— Non papa, nous ne voulons pas le demander, c'est ce que nous allons faire.

— Et c'est?

— Bella va considérer ses cousins et cousines comme ses neveux et nièces maintenant. Ce serait bien si la famille le prenait dans ce sens aussi.

— Sans problèmes, tout naturel. Même que ce serait mieux. Annabella, tu veux bien nous laisser mon frère et moi s'il vous plaît.

— Oui, je vous revois à l'intérieur.

Ils la laissèrent s'éloigner avant de parler.

— Michaël, qu'est-ce que tu fais?

Il arqua les sourcils.

— Hein!

— Tu as toujours été un homme sûr de toi et maintenant tu agis comme…comme un imbécile. Sois toi même, ne change pas d'attitude.

— ''Mon petit frère qui me sermonne maintenant''.

— Tu n'as pas à tout demander. C'est votre vie. Je ne veux plus que tu te sentes comme si tu me dois quelque chose. Tu ne me dois rien.

— Désolé.

— Si tu continues comme cela, une montagne gravira entre nous deux et je ne veux surtout pas ça. Nous n'étions pas mal à l'aise avant et nous ne le deviendrons pas.

— Tu as raison. Et moi qui disais à Bella que si nous restions ensemble, que nous devions assumer pleinement notre relation et nos choix. Je suis le premier à faire l'imbécile.

Ogan lui fit un clin d'oeil.

— Viens, rentrons.

Les jours et les années passèrent. Depuis longtemps déjà qu'Annabella avait emménagé chez Michaël. Ils vivaient un parfait amour. Tous s'étaient adaptés autour d'eux, à les voir ensemble.

Étant jeune, Annabella avait voulu étudier la médecine, mais ses compétences académiques démontraient plutôt une force majeure en administration. Après cette constatation, elle s'était dirigée dans ce qu'elle connaissait le mieux, la loi.

Elle allait aujourd'hui pour la dernière fois sur le campus. Elle recevait son diplôme aujourd'hui. Johannie et Frédérick avaient tenu à lui faire un bal le soir même pour la fin de ses études. Mais cet après-midi, ils étaient tous présents à sa remise de diplômes. À la fin, elle alla sauter dans les bras de Michaël. Il l'attira vers le stationnement et s'arrêta devant une Aston Martin DB9 volante.

— Michaël mon chéri, tu n'as pas fait ça?
— Oui, pour toi, tu l'as bien mérité.
— Oh chéri! Elle est splendide.

Elle sauta dans ses bras à nouveau et l'embrassa. Michaël lui remit les clés.

— Tu vas me conduire à bon port…et prudemment?

Elle lui sourit.

Un des hommes qui venait aussi de graduer avec elle s'approcha d'Annabella quand elle était en train de s'installer au volant.

— Hé Annabella! Ton père te gâte toi.

Elle le darda du regard. Elle avait perdu son sourire. Michaël décida de lui répondre.

— Je crois que tu fais ton innocent. Tu as très bien vu qu'on s'embrassait y'a une minute.

Il ne répondit pas, il l'ignora complètement.

— Tu sais Jeff, je vais te le dire à toi. Michaël est même plus âgé que mon père, il est mon fiancé.

Elle sourit à Michaël.

— Tu viens…juge Mezzo.

Michaël sauta à l'intérieur de la voiture. Il sourira à Jeff.

— On va se revoir à la cour Jeff.

Jeff en resta bouche bée.

— ''C'est certainement une farce…mais je crois qu'il y a vraiment un juge Mezzo. Merde! Je ferais mieux de voir ça avec Nina''.

Il alla trouver Nina, l'amie d'Annabella.

— Nina, dis-moi, il y a quelque chose que je n'ai pas compris. Annabella, son nom est bien Mezzo?
— Oui, pourquoi cette question

Il lui expliqua comment il avait fait le con. Tout le monde savait que Jeff n'avait jamais cessé d'inviter et d'importuner Annabella, même après plusieurs refus, il ne lâchait pas.

— Tu t'es pas fait avoir Jeff. Elle va vraiment marier le juge Mezzo. C'est son oncle, mais son père l'a adopté quand elle était bébé, alors c'est pourquoi elle porte le nom de Mezzo.
— Avec son oncle.
— Quelquefois je me demande comment tu es devenu avocat et resté aussi imbécile. Je viens de te dire que ce n'est pas vraiment son oncle.
— Merci c'est gentil comme compliment.
— Si j'étais toi, je demanderais audience au juge Mezzo pour t'excuser, si tu veux travailler à Vancouver.
— Ouin.
— Elle se conduit comme une merveille Michaël.
— C'est toi qui es une merveille.

Elle lui sourit. Ils arrivèrent à l'appartement pour se préparer pour le bal. Il l'embrassa dans l'ascenseur.

— Je crois que nous allons devoir régler un problème avant de nous préparer.
— Oui, absolument d'accord ma chérie.

Il ferma la porte de l'appartement et prit Annabella dans ses bras. Il l'embrassa sauvagement, il la souleva par les fesses pour qu'elle s'accroche à lui. Il adorait la prendre comme cela, l'avoir accroché à lui.

Michaël avait demandé à Annabella s'il pouvait choisir sa robe de bal. Elle avait accepté.

— Oh! Quelle est belle.
— Tu l'aimes vraiment Bella?
— Si je l'aime! Elle est parfaite. Merci mon chéri, tu me gâtes beaucoup trop.
— J'ai hâte de la voir sur toi, mais j'ai peur d'avoir hâte de te l'enlever trop vite.
— Ah! Ah! Ah! Tu vas devoir te retenir pour quelques heures.
— Enfile-la vite, sinon je ne réponds plus de moi.

Tous les invités étaient déjà là à leur arrivée. Quand Annabella et Michaël entrèrent, tous applaudir. Zoé et Amélia s'avancèrent vers eux.

— Ma chérie, que tu es belle!

— Merci maman.

— Je crois que je ne fais pas mes achats au bon endroit.

— Zoé imagine, c'est Michaël qui l'a choisi.

Zoé regarda Michaël avec un sourire de surprise.

— Je n'aurais jamais cru mon frère capable de si de délicatesse. Tu as beaucoup de goût cher frère.

Michaël fit un clin d'oeil à Zoé. Il avait un gros sourire sur les lèvres.

— Tu dois absolument donner tes trucs à Ted.

— Ah! Ah! Ah!

— J'ai l'impression que ma femme parle de moi ici. Annabella, tu es sublime dans cette robe.

— Merci.

— Hé bien! Justement Ted, imagine-toi que c'est Michaël qui a acheté cette robe.

— Ah Michaël! Nous allons tous avoir des problèmes par ta faute.

Ils pouffèrent tous de rire.

Le bal se déroula à merveille. Au milieu de la soirée, la musique s'arrêta. Michaël fit signe à Annabella d'aller le rejoindre au centre de la salle. Il lui prit les mains et la regarda dans les yeux et lui chuchota.

— Je t'aime Bella.
— Je t'aime aussi chéri.

Michaël mit un genou par terre et les Ah fusèrent de partout. Annabella rougit. Il sortit un étui rouge de sa poche et l'ouvrit.

— Veux-tu m'épouser Bella?

Annabella souriait et elle avait les larmes qui coulaient sur ses joues. Elle se mordit la lèvre inférieure avant de répondre.

— Oui Amor, oui.

Il lui mit la bague et se leva pour l'embrasser tendrement. Tous applaudirent et les félicitèrent.

— Michaël, je suis la femme la plus heureuse.
— Je t'aime Bella, je suis fou de toi.

Quelques semaines plus tard, Jeff qui regrettait avoir insulté le juge Mezzo et ne voulait pour rien au monde ruiner sa carrière avant même de l'avoir débuté, fit une demande d'audience auprès de lui.

— Bonjour, j'ai rendez-vous avec le juge Mezzo.
— Oh oui! Maître Simon.
— Oui.
— Veuillez vous asseoir, il sera avec vous dans quelques minutes.

Agathe alla informer Michaël que Maître Simon l'attendait.

— Ma soeur devrait être ici d'une minute à l'autre. Je vais la recevoir avant. ''Jeff mérite d'attendre ce petit merdeux''.

En entrant avec un gros sourire, Zoé dit bonjour à Jeff et à Agathe.

— Bonjour Maître Mezzo, il vous attend.
— ''Non, c'est pas vrai! Cet enculé à une femme en plus, il est marié et s'amuse avec Annabella. L'hypocrite!''

Il se leva enragé et sorti sans dire un mot. Quand Michaël vint pour le chercher, Agathe lui expliqua qu'il était parti sans lui dire un mot.

— Bizarre ce gars. Tant pis pour lui.

Le lendemain, Michaël s'aperçut que Jeff était dans sa salle d'audience. Après que Michaël eu rendu le verdict, Jeff se leva.

— Je ne vois pas comment un juge peut se permettre de juger les gens quand lui-même est en délit dans sa vie.

Michaël leva la main pour que les officiers ne bougent pas.

— Expliquez-moi Maître Simon.
— Vous avez une très belle femme et vous la trompez avec un autre qui a à peine vingt-cinq ans.

Michaël sourit. Il comprit pourquoi Jeff s'était enfui de son bureau. Il sourit et leva sa main gauche.

— Maître Simon, je ne suis pas marié. Mais par contre, je suis sur le point de l'être.

Michaël fit signe aux officiers.

— Veuillez escorter Maître Simon dans mon bureau s'il vous plaît.

Jeff était blême pour une deuxième fois à cause de Michaël, ainsi que fou de rage. Il était obsédé par Annabella. Il comprenait que Michaël allait épouser Annabella.

— Jeff, nous parlons de ma vie privée ici. Est-ce que tu réalises que je pourrais te faire rayer du barreau pour avoir étalé la vie privée d'un juge en pleine cour et en plus de contredire mon jugement?
— Oui, désolé.
— Je crois avoir compris que tu as assumé que la très belle femme…ma soeur était ma femme hier.
— Ah! Votre soeur?
— Oui. Un avocat n'assume pas Jeff, il trouve les preuves. Qu'est-ce que tu as donc appris dans tes cours?

Jeff baissa la tête.

— Je suis désolé. Veuillez m'en excuser.
— Sors de mon bureau et n'essaie jamais plus de te mêler de ma vie privée ainsi que celle d'Annabella ou de ma famille.

Dans deux semaines, leur mariage allait être célébré. Annabella se rendait à la cour pour l'avant-midi écouter des plaidoyers. Jeff l'arrêta dans le couloir. Il la prit par le bras et l'attira à l'écart des regards.

— Ail! Mais tu es malade, tu me fais mal.

— Annabella, écoute-moi. Tu ne peux pas épouser cet homme. Il ne veut que ton corps, il ne t'aime pas.

— Jeff, Michaël t'a demandé de ne plus approcher notre famille et je suis d'accord. Alors, fiche-moi la paix.

Nina les vit et se dirigea vers eux.

— Bonjour vous deux.

Jeff s'effaça en leur lançant un regard dur.

— Ne me dis pas qu'il est encore en train de te harceler celui-là? Il ne comprendra jamais.

— Oui et il commence à me faire peur.

— Avec le regard qu'il t'a lancé.

— Je vais parler à Michaël ce soir.

— Tu devrais peut-être lui en parler tout de suite. Je n'ai vraiment pas aimé son regard et regarde-moi ce qu'il t'a fait au bras, c'est très rouge.

— Merde! Il m'a vraiment fait mal. Je vais voir ça avec Michaël ce soir. Je ne veux pas le déranger dans sa cour.

— Comme tu veux, mais réagi au moins la prochaine fois pour alerter les gens autour de toi. Ne reste jamais seule avec lui.

— Tu as raison.

Quelques jours passèrent et Michaël avait décidé qu'Annabella devait formellement porter plainte contre Jeff.

Deux jours avant le mariage, Annabella venait d'entrer au palais de justice et elle vit Jeff, mais il ne s'approcha pas d'elle. Elle en était soulagée.

Son téléphone portable sonna juste avant qu'elle entre dans la salle d'audience. C'était un texte.

> *SVP vous rendre à l'hôpital*
> *Saint-Luc d'urgence. Michaël*
> *vous demande.*

Annabella décida d'appeler sa mère en se rendant à sa voiture.

— Maman, je viens de recevoir un texte pour me dire que je dois me rendre à l'hôpital pour Michaël.

Elle lui lut le texte.

— Il doit avoir eu un malaise ou un accident. Demande à ma secrétaire d'annuler tous mes rendez-vous et je te rappelle pour te tenir au courant.
— Bien chérie.

Comme Annabella touchait la portière de sa voiture, elle sentit vaguement qu'on lui mettait la main sur la bouche et après, plus rien.

— Bonjour Annabella.
— Mais…

Annabella prit quelques minutes pour regarder autour d'elle. Elle était attachée à un lit dans une pièce qu'elle ne connaissait pas.

— Toi!
— Oui mon amour, moi. Tu ne voulais pas entendre raison, alors j'ai dû t'enlever. Maintenant que tu es à ma merci, tu devras m'écouter et…tu me remercieras un jour.
— ''Mon Dieu! Il est vraiment malade lui. J'ai bien fait d'aviser ma mère''.
— Nous allons rester ici, toi et moi, jusqu'à ce que tu entendes raison Annabella, cet homme n'est pas pour toi. Moi je peux tout de donnée, je suis à la merci de ton amour. Je t'aime Annabella, tu ne l'as donc jamais compris. Nous sommes faits l'un pour l'autre et c'est notre destinée. Nous ne pouvons rien y changer.
— Jeff, que veux-tu?
— Toi mon amour. Rien d'autre. Tu sais très bien, pour toutes les fois que tu m'as humilié, que tu as refusé de sortir avec moi. Tu es à moi Annabella, tu es à moi seul.

On apporta un message urgent à Michaël dans sa salle d'audience. Son frère était dans son bureau. Il ajourna sa cour pour quinze minutes le temps de voir ce qui en était.

— Ogan! Que fais-tu ici? Qu'est-ce qu'il y a?
— C'est Annabella.

Michaël devint blême en entendant Ogan lui parler de l'appel qu'elle avait fait à Amélia.

— Quand Zoé nous a dit qu'elle venait de te voir à la cour, nous avons essayé de joindre Annabella sur son portable, mais elle ne répondait pas. Nous avons déduit qu'il y avait un problème. Ted est en route pour ici.
— Merde! C'est Jeff.
— Qui?

Ted arriva comme Michaël allait raconter à Ogan les différentes altercations qu'ils avaient eues avec Jeff.

— Tu peux m'avoir un mandat immédiatement pour son lieu de travail et sa résidence?
— Oui, je vais demander à un de mes collègues, car je suis impliqué directement. Je ne peux pas le faire moi-même. Ogan, va voir au stationnement sous terrain et vérifi si sa voiture est là.

Zoé entra en trombe dans le bureau et leur annonça

qu'elle venait de voir la voiture d'Annabella dans le stationnement et elle avait son téléphone portable dans ses mains. Elle l'avait trouvé par terre près de sa voiture.

— Elle l'a probablement laissé tomber…elle a été surprise et…merde!

Ted était déjà à envoyer des officiers à la poursuite de Jeff. Ils se rendaient chez lui et à son travail.

Au bureau de Jeff, ils ne pouvaient rien faire avant d'avoir le mandat en main. Après l'avoir eu, il emporta l'ordinateur et fouilla le bureau au complet. Ils trouvèrent des tonnes de photos d'Annabella, apparemment depuis des années, il la photographiait à son insu. Tous les employés du bureau où Jeff travaillait avaient été questionnés. Personne ne pouvait les aider. Ils questionnèrent aussi tous les membres de sa famille. Toujours rien de ce côté à l'exception qu'ils apprirent que Jeff avait été soigné pendant trois ans étant adolescent pour des troubles de personnalité.

Ted en informa Michaël et la famille. Zoé de son côté demanda l'aide à Nina pour annuler la soirée de filles qui était prévue pour le soir même.

— Jeff a fait ça! Mais il est malade ce gars.
— C'est ce que nous croyons, t'a-t-il déjà parlé de quelque chose qui pourrait nous aider?

Nina chercha dans sa mémoire. Depuis des années qu'elle connaissait Jeff.

— Y'a bien une fois où il avait invité Annabella. Il disait appartenir un chalet près d'une pente de ski. Il parlait de montages et je ne me rappelle plus. C'est terrible Zoé.

— Est-ce que tu sais où était le chalet?

— Non et naturellement, Annabella avait refusé.

Zoé appela Ted pour l'informer. Ted se mit à diriger ses recherches sur cette information.

— Ted, la seule chose qu'il a à son nom est son appartement en ville et sa voiture.

— Appelez ses parents à nouveau.

— Ils disent que leur fils n'a jamais appartenu un chalet dans les montagnes.

— Merde! On n'arrive à rien. Y'a pourtant quelqu'un quelque part qui doit savoir. Rappelez ses amis, collègues de travail pour leur parler de ce chalet.

Leurs réponses revinrent toutes négatives. Depuis déjà trois jours qu'Annabella était porter disparut.
Aujourd'hui était la journée de leur mariage. Michaël avait tout annulé jusqu'à nouvel ordre. Il avait espérance que Jeff l'aimait assez pour la garder en vie.

Maggie avait fait quelques appels dans la tribu où elle était née après avoir entendu Ted parler d'un chalet dans les montagnes. Les tributs étaient tous dans les montagnes. Le chef de bande lui assurera qu'il était pour faire le nécessaire pour que la nouvelle se répande dans tous les tributs environnants.

Maggie reçut un appel six heures plus tard. Jeff louait un vieux chalet d'un indien dans la montagne sauvage.

— Ton mauvais mariage est passé maintenant, nous allons pouvoir célébrer le nôtre Annabella. Je dois attendre que tu sois docile par contre. Si tu veux que je te détache, tu dois accepter mon amour.
— Ma famille va remuer ciel et terre pour me retrouver Jeff, tu ne t'en sortiras pas.
— Ah! Ah! Ah! Nous sommes introuvables mon amour. Douterais-tu de mon intelligence?
— Jeff, je doute de beaucoup plus que ça.

Il la regarda de nouveau avec ce regard noir. Il s'avança et leva sa blouse pour voir son ventre. Il passa ses doigts doucement.

— ''Je fais l'imbécile là, je ferais mieux d'entrer dans son jeu si je veux essayer de m'en sortir intacte''.
— Je ne voulais pas te prendre avant notre mariage, mais si tu es trop arrogante, je vais devoir te montrer qui tient les reines ici.

— ''Oh merde non! Ah Michaël, mon chéri, retrouve-moi''.

Annabella avait les larmes qui perlaient sur ses joues. Elle avait maigri, elle refusait de manger et elle commençait à ne plus pouvoir bien penser. À regret, elle dut entrer dans son jeu.

— J'ai faim Jeff.
— Ah! Enfin, il était temps.
— Je voudrais manger dehors, est-ce possible?
— Oui, on va s'installer sur le porche.

Annabella fût découragée de voir qu'ils étaient complètement entourés par le bois. Elle ne voyait que des arbres.

Ted arriva chez les Mezzo avec de meilleures nouvelles.

— Nous croyons l'avoir retrouvé grâce à Maggie.

Tous l'écoutèrent, certains laissaient couler des larmes. Depuis quatre jours depuis la disparition.

— J'ai eu l'approbation d'amener une personne avec moi, une seule.

Amélia et Ogan se regardèrent. Ogan comprit qu'Amélia préférait que ce soit Michaël. Celui-ci les regardait sans oser demander.

— Tu te sens capable Michaël.

Il ne pouvait répondre, il fit signe que oui.

— Alors tu dois aller te changer et mettre des vêtements foncés. Nous ne savons pas à quoi nous attendre. Tu dois comprendre une chose Michaël, il se peut que nous arrivions et qu'ils ne soient plus là.
— Tu devras m'obéir sans faute. Quand tu pourras approcher et la réconforter, c'est la raison pourquoi je te laisse venir, je t'aviserai. Tu ne bougeras pas avant ça.
— Oui.
— Tu me rejoins ici dans une heure. Nous avons un hélicoptère à 18h00 qui nous amènera où les secours sont en train de s'organiser et nous pourrons nous avancer ensuite. L'opération peut prendre beaucoup de temps, il faut être patient pour bien entreprendre une opération du genre.

Michaël alla vite passer chez lui se changer et il prit des vêtements pour Annabella.

— ''Ah mon Dieu! Faites qu'elle soit en vie''.

Michaël tomba assis sur son lit et pour la première fois, il pleura. Il s'y laissa aller quelques minutes avant de se reprendre.

— ''Allez Michaël, elle sera dans tes bras bientôt''.

Arrivé près du chalet où se trouvait Annabella et Jeff, Ted regarda Michaël.

— Tu vas tenir le coup? Tu ne bouges pas compris.
— Oui…oui.

Michaël dut attendre une heure après être arrivé au chalet pour voir les policiers réagir et entrer dans le chalet. Quels soulagement et angoisse au même moment qu'il ressentait. Il était bouleversé à l'intérieur de lui-même. Ils maitrisèrent Jeff assez vite et Ted entra à toute vitesse quand il vit Jeff sortir aux bras des agents. Il trouva Annabella pieds et mains liés au lit. Il lui détacha les bras et elle lui criait de la détacher vite. Après lui avoir détaché les mains, elle lui sauta au cou en pleurant.

— Merci Ted, merci. J'ai eu si peur.
— Toute est fini Annabella, calme-toi ma chérie.

Un officier détacha ses pieds tandis que Ted essayait de calmer les pleurs d'Annabella.

Ted la prit dans ses bras et la sortie du chalet. Il fit demander à Michaël d'approcher quand Jeff fût éloigné.

Jeff se mit à rire et regarda Annabella.

— J'aurais dû te prendre avant notre mariage. Je voulais être en toi.

Ted fût soulagé d'entendre ses paroles, car cela lui donnait la conviction qu'il n'avait pas violé Annabella.

Annabella se détacha des bras de Ted. Celui-ci croyait qu'elle allait courir pour ceux de Michaël, mais il fût surpris de voir qu'elle s'était enragée et elle alla frappa Jeff à plusieurs reprises jusqu'à ce que Ted la reprenne de force dans ses bras avant qu'elle ne se fasse mal. Michaël essayait aussi de se débattre pour attraper Annabella. Ted la porta jusqu'à Michaël. Il la prit et la conduisit dans le 4X4 où il avait attendu. Il la prit dans ses bras et la calma.

— Chut, chut, chut. Bella, tout va bien maintenant. Je t'aime, j'ai eu si peur de te perdre. Tout va bien aller.
— Oh Michaël! Garde-moi dans tes bras.
— Oui Bella.

Ted se retourna pour les regarder.

— Elle est épuisée. Nous allons devoir la conduire à l'hélicoptère pour qu'ils la transportent à l'hôpital. Je vais aller avec vous deux si tu permets Michaël. J'ai déjà fait envoyer un message à la famille.

— Merci Ted, c'est grâce à toi si nous l'avons retrouvé.

Quelques jours plus tard, Annabella eut son congé et Johannie avait fait envoyer un hélicoptère pour les ramener à la maison le plus vite possible.

Annabella et Michaël étaient étendus sur leur lit et Annabella avait la tête appuyée sur le torse de Michaël.

— Nous avons manqué notre mariage.

— C'est drôle d'entendre ça, mais oui. Nous allons remédier à ça quand tu seras prête Amor. Entre-temps, il y a toujours l'Italie qui nous attend. Si tu veux, nous pouvons y aller avant de nous marier, ça te ferait du bien.

— Je veux te marier. Tu crois que nous pourrions aller juste devant un juge.

Michaël souriait.

— Non Bella. Tu mérites mieux qu'un mariage devant un juge. Nous méritons cette journée tous les deux et j'avais si hâte de te voir dans la robe que tu avais choisi.

— Alors nous pourrions aller nous marier en Italie et faire un petit mariage, juste avec la famille.

— Ah! Ah! Ah! Bella, Bella. Tu me fais vraiment rire là. Tu connais très bien les Italiens, le mot famille, c'est toute la grande famille et il n'y a pas de petit mariage en Italie.

— Tant pis. Allons nous marier là-bas.

— Je veux te marier n'importe où Amor…excepté à la cour.

Elle lui sourit et l'embrassa.

Le mariage fût célébré en Italie avec toute la grande famille. Durant la réception, une femme apporta une enveloppe à Frédérick. Il ouvrit la carte à l'intérieur et c'était écrit. ''Je te devais bien cela Fred''.

Johannie l'avait lu aussi et ils ne comprenaient pas, mais Frédérick avait un doute, car le seul qui le surnommait Fred était Lorenzo Bianco, le mafioso, son ami de jeunesse. Un peu plus tard, Ted demanda à leur parler en privé.

— Qu'est-ce qu'il y a Ted?

— Je viens de recevoir un appel de Vancouver. Jeff s'est suicidé dans sa cellule. Ils vont clore l'affaire.

Johannie regarda Frédérick et tous les deux comprirent la note dans la carte.

— Je crois qu'il serait préférable de ne pas en parler aujourd'hui.

— Nous sommes d'accord.

— Puis-je vous laisser le soin de les aviser quand vous en jugerez bon?

— Absolument mon garçon.

Ils laissèrent Ted partir et Frédérick se passa la main dans les cheveux.

— C'est lui hein?

— J'en ai bien peur Johannie.

— Alors brûle cette maudite carte que tu as reçue et oublions cette histoire que nos enfants puissent être heureux et en paix. Tu as entendu Ted, il s'est suicidé.

— Calme-toi chérie. C'est exactement ce que je vais faire.

Il la prit dans ses bras et l'embrassa.

— Dans quelques jours, je prendrai Michaël seul et je lui dirai. Ce sera à lui d'informer Annabella quand il en jugera le moment.

— Oui, parfait. Viens, nous devons retourner à la fête. Je suis contente que ce soit terminé pour cet enfant.

— C'est terminé, n'en parlons plus.

Au retour d'Annabella et Michaël, son père lui parla.

— Michaël, nous avons eu une information que je me dois de partager avec toi et que je voudrais que tu la partages avec Annabella assez vite pour ne pas qu'elle l'apprenne d'une autre façon que par toi.

— Qu'est-ce qu'il y a papa?

— Jeff Simon s'est suicidé dans sa cellule, alors il n'y a plus de procès. Vous pourrez vraiment essayer d'oublier cette histoire sordide.

— Ah!

— Il n'y a rien à r'ajouter mon garçon.

— Oui, c'est…presque un soulagement.

— Ce n'est pas presque, c'en est un. Ce garçon était malade, ils auraient pu le soigner, mais c'est fini maintenant.

— Bien papa, merci.

Le soir même, il fit couler un bain pour Annabella et lui et il attendit qu'ils soient tous les deux détendus dans le bain et il lui annonça la nouvelle que son père lui avait communiquée. Annabella versa quelques larmes et Michaël la serra dans ses bras.

— Nous pouvons essayer de mettre cette histoire derrière nous.

— Oui.

Ils étaient tous de retour et Annabella travaillait au

cabinet avec sa famille et tout était rentré dans l'ordre. Elle avait des rendez-vous régulièrement chez le médecin pour s'assurer que tout allait bien. Aujourd'hui par contre elle voulait soulever un problème particulier avec lui, elle n'avait pas eu de règle depuis l'enlèvement.

— Vous savez quelques fois ça arrive après un traumatisme comme celui que vous avez vécu. Vous avez aussi manqué six jours de pilules. Cela peut facilement avoir déréglé votre système. Vous n'avez aucun vomissement, aucun malaise, alors je douterais que vous soyez enceinte. Par contre, si vous voulez être rassuré, vous pouvez faire un test qui se vend en pharmacie et vous aurez la réponse en cinq minutes.

— Parfait, je vous remercie.

Quelques jours passèrent et Annabella n'avait aucun malaise, elle se sentait très bien. Elle ne jugea pas nécessaire de faire le test.

— Annabella, tu ne manges plus le matin. Ce n'est pas bon pour toi. Je t'ai fait un déjeuner ce matin et j'aimerais vraiment que tu prennes le temps de manger avec moi. Fais-moi plaisir.

Il lui fit signe de s'asseoir, mais elle n'avait vraiment pas faim. Elle prit place à contrecœur. Elle grignota quelques fruits puis elle partit en courant vers la salle de bain.

Michaël la suivit.

— Ça va Amor?
— Non, non ça ne va pas du tout.
— Oh! Oh! Est-ce que ça pourrait être ça?

Michaël lui donna une serviette trempée et la transporta jusqu'à la chambre, il la déposa sur le lit.

— Reste là Bella et repose-toi aujourd'hui. Je vais faire venir le médecin.
— Non, va plutôt chercher un test de grossesse à la pharmacie.

Annabella n'avait pas fini de parler que Michaël se pinçait les lèvres pour ne pas sourire. Il revient avec trois tests différents en un temps record.

— Tu as fait de la vitesse ou quoi?
— Hum, et je crois que la raison n'aurait pas été très crédible en cour.

Elle sourit.

— Viens vite.
— Il faut lire les instructions avant.
— Pas besoin, on m'a tout expliqué à la pharmacie.

— Tu as même eu le temps de te faire expliquer les instructions?

— Oui. Tu dois uriner maintenant sur le bâton.

Il stoppa et regarda Annabella.

— Oh! Tu n'as peut-être pas besoin d'uriner immédiatement hein?

— Oui, j'ai toujours besoin d'uriner ces temps-ci.

Elle prit le bâton et se dirigea pour la salle de bain avec Michaël sur ses talons.

— Toi, tu restes là.

— Bien, mais tu vas sortir de là, tu n'attendras pas la réponse seule.

— Non, je ressors tout de suite.

Annabella fit le test tout en souriant, elle avait laissé la porte entre ouverte. Aussitôt terminé, Michaël entra. Il prit le bâton, il alla s'asseoir sur la cuvette, s'accouda sur un genou avec sa tête appuyée sur sa main.

— Trois minutes seront longues pour toi mon chéri.

Il leva les yeux du bâton et lui sourit.

— Viens t'allonger, nous allons nous asseoir sur le lit pour attendre.

Quand le bâton montra que le test était positif, il le déposa sur la table de chevet pour ensuite embrasser Annabella.

— Quel baisé, tu as le sourire qui ne décolle plus.

Il finit par embrasser son ventre et dire bonjour au bébé. Ensuite il lui fit l'amour tout en douceur.

— Je dois vraiment me rendre au bureau, je suis déjà très en retard par ta faute.
— Tu peux rester ici si tu veux, au moins jusqu'à ce que tu vois le médecin.
— Non Michaël, je vais très bien et je vais au bureau.
— Je viens avec toi.

En dix minutes, le bureau complet savait qu'ils attendaient un enfant.

Niko naissait six mois plus tard, puisqu'elle n'avait pas réalisé qu'elle attendait un enfant avant le troisième mois.

<u>Trouvez-les, ils sont là</u>
Mon bel amour
Le Prince Aja envoûté par Danna
L'amour interdit de Magalie

<u>La saga de la famille Mezzo</u>
Ogan Mezzo que rien n'arrête, trouvera les amours de sa vie
La redoutable Zoé Mezzo devant la défaite…et l'amour
Zack Mezzo, le beau charmeur chevauche avec l'amour
Emmanuël Mezzo face à son secret
 Michaël Mezzo tourmenté par ses amours
La famille Mezzo : L'intégral
Amoureuse de son sauveur
Le cadeau de Gabriella
Un cowboy pour Mia
Mon ange gardien sexuel
Deux mois d'amour, un vie de passion
Mon oiseau volage d'amour
Annie taquine l'amour de sa vie
Destinée à lui
Alyssa, tu es mienne, eres mías

www.ingramcontent.com/pod-product-compliance
Lightning Source LLC
Chambersburg PA
CBHW060634130626
46555CB00002B/797